LECTURAS (ELI) JÓVENES Y A

CW01432289

Las Lecturas ELI son una completa
gama de publicaciones para lectores
de todas las edades, que van desde
apasionantes historias actuales a los
emocionantes clásicos de siempre.
Están divididas en tres colecciones:
Lecturas ELI Infantiles y Juveniles,
Lecturas ELI Adolescentes, y Lecturas
ELI Jóvenes y Adultos. Además de
contar con un extraordinario esmero
editorial, son un sencillo instrumento
didáctico cuyo uso se entiende de forma
inmediata. Sus llamativas y artísticas
ilustraciones atraerán la atención de los
lectores y los acompañarán mientras
disfrutan leyendo.

Garci Rodríguez de Montalvo

Amadís de Gaula

Reducción lingüística, actividades y reportajes
de Carlos Gumpert
Ilustraciones de Marco Bonatti

LECTURAS ELI JÓVENES Y ADULTOS

Garci Rodríguez de Montalvo
Amadís de Gaulas
Reducción lingüística, actividades y reportajes de Carlos Gumpert
Ilustraciones de Marco Bonatti

Lectura ELI
Concepción de la colección y coordinación editorial
Paola Accattoli, Grazia Ancillani, Daniele Garbuglia (Director artístico)

Proyecto gráfico
Sergio Elisei

Compaginación
Tecnostampa

Director de producción
Francesco Capitano

Fuente utilizada 11,5/ 15 puntos Monotipo Dante

Impreso en Italia por Tecnostampa
Pigini Group Printing Division
Loreto – Trevi (Italia) – ERA 341.01
ISBN 978-88-536-2648-6

Primera edición febrero 2021

www.eligradedreaders.com

Índice

Estos iconos señalan las partes de la historia que han sido grabadas:

empezar ▶   **parar** ◼

PERSONAJES PRINCIPALES

EL REY PERIÓN

ELISENA

AMADÍS

AGRAJES

ESPLANDIAN

GALAOR

LISVARTE

BRISENA

ORIANA

ARCALAVS

BRIOLANJA

VRGANDA

La obra y el género

1 **Elige la respuesta más adecuada.**

1 *Amadís de Gaula* es una novela de caballerías. ¿Quiénes crees que serán los protagonistas de esta clase de libros?

A ☐ Pastores y campesinos.
B ☐ Caballeros y damas nobles.
C ☐ Gente de las ciudades.

2 Aunque no hayas leído nunca un libro como este, seguro que conoces el nombre de un caballero famoso en todo el mundo.

A ☐ Palmerín de Olivia.
B ☐ Lisuarte de Grecia.
C ☐ Don Quijote de la Mancha.

3 Este género se cultivó sobre todo en el siglo XVI. ¿Qué movimiento artístico dominaba en ese siglo en España?

A ☐ Renacimiento.
B ☐ Barroco.
C ☐ Romanticismo.

4 Esta clase de libros no reflejaban su época, sino otra anterior. ¿Cuál crees que puede ser?

A ☐ El imperio romano.
B ☐ La Edad Media.
C ☐ El antiguo Egipto.

5 Piensa en el nombre del protagonista. ¿Crees que puede darte alguna pista sobre lo que ofrece el libro?

A ☐ Ninguna, es un nombre que no significa nada.
B ☐ Es un nombre normal, así que su historia será normal también.
C ☐ Amadís se relaciona con amor y Gaula es un lugar inventado, así que me espero amor y fantasía.

La obra

2 Observa los nombres de la partes de la armadura, y relaciona cinco de los nombres con la parte del cuerpo que cubren. Por ejemplo: yelmo - cabeza

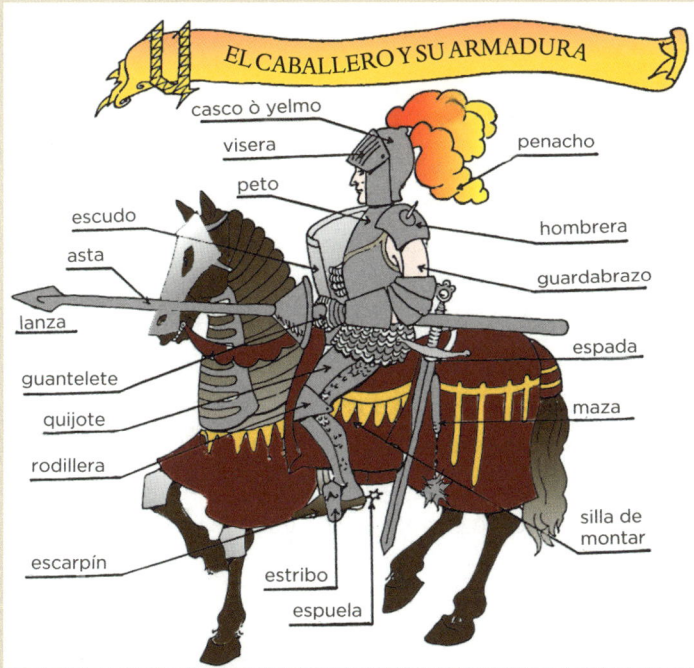

EL CABALLERO Y SU ARMADURA

casco ò yelmo

visera

peto

penacho

escudo

asta

hombrera

guardabrazo

lanza

espada

guantelete

quijote

maza

rodillera

escarpín

silla de montar

estribo

espuela

¡Tienes la palabra!

3 ¿Qué temas de entre los siguientes crees que se tratan en esta obra?

las guerras • el amor • conflictos políticos • la justicia y la injusticia • la honra y el deber • la locura • el valor y la cobardía • el poder del dinero y la avaricia • la vida en las ciudades • la muerte • la economía • el destino • la magia

Capítulo 1

El Doncel del Mar

▶ 2 Aquí empieza la historia del valiente y virtuoso caballero Amadís de Gaula. Yo, Garci Rodríguez de Montalvo, he corregido los libros antiguos que contaban su vida porque estaban muy mal escritos. Además, he añadido nuevas aventuras sacadas de un manuscrito antiguo que encontraron bajo una iglesia en Constantinopla y trajo un mercader* húngaro a España. Está escrito en una lengua muy antigua y difícil de leer. Por eso pido perdón por los errores que pueda haber en esta versión mía. En ella encontrarán los caballeros mancebos* y los más ancianos ejemplos y consejos para comportarse como perfectos paladines*.

❖ ❖ ❖

Cuenta el autor del manuscrito que había una vez, pocos años después de la muerte de Nuestro Señor Jesucristo, un rey llamado Garínter que tenía dos hijas muy hermosas. La mayor estaba casada con el rey de Escocia y la menor, Elisena, tenía fama de mujer muy religiosa y nunca quiso casarse, aunque muchos príncipes se lo pedían. Un día, el rey salió de caza y vio a un caballero desconocido luchando contra dos caballeros

---

mercader: comerciante que lleva mercancías de un país a otro

mancebos: jóvenes, de pocos años
paladín: caballero heroico y valiente

malvados y soberbios. Observó cómo el caballero los vencía y los mataba y se acercó a él. El caballero extranjero le preguntó:

—¿Qué tierra es esta y por qué atacan a los caballeros andantes?

—En estas tierras, como en todas, hay caballeros malos y buenos. A estos el rey no podía castigarlos pues son nobles.

—Al rey de estas tierras busco. Soy el rey Perión de Gaula.

El rey se presentó y le abrazó. Iban al castillo cuando vieron a un ciervo perseguido por un feroz león. Perión se lanzó contra él. El león lo derribó, pero el caballero le hundió la espada en el vientre y lo mató. Garínter pensó que la fama de Perión como el mejor caballero del mundo estaba justificada.

Esa noche, durante la cena la hermosa Elisena y el valiente Perión se miraron y ambos sintieron un gran amor. Darioleta, la criada de la princesa fue a hablar con Perión para saber si amaba a otra, pero el rey le juró que solo quería a su señora. Esa noche, cuando todos dormían, la criada llevó a Perión a un huerto escondido donde estaba Elisena. Los dos, temblando de emoción, se amaron toda la noche. La criada fue al cuarto del invitado y le cogió la espada como señal de su promesa. Pasaron unos días y Perión tuvo que irse, aunque le dolía mucho separarse de su amada. Antes de marcharse, le dio un anillo a Elisena, y él se quedó con otro igual, como compromiso de su amor eterno★.

La princesa se quedó muy triste y desmejorada★. Con el tiempo supo que esperaba un hijo. Se sentía casada ante Dios, pero el castigo para las solteras embarazadas era la muerte. Así que pidió a sus padres retirarse★ a una torre del castillo, para

---

eterno: para siempre
desmejorada: enferma, de mala salud

retirarse: vivir sola y aislada

dedicarse a la oración sin ser molestada. No podía avisar a Perión, que iba por el mundo como caballero andante en busca de gloria. Al final, Elisena dio a luz a un niño. Darioleta, para salvar a su señora, colocó al niño en un arca* y metió dentro la espada y el anillo del rey Perión. Luego le colgó del cuello un pergamino* donde estaba escrito: «Este es Amadís sin Tiempo, hijo de rey». Le llamaba sin Tiempo porque creía que iba a morir. Después cerró el arca y esa misma noche la dejó en el río. Las aguas llevaron al recién nacido hasta el mar. Su destino era la muerte, pero Dios quiso salvarlo. Navegaba por allí un noble escocés llamado Gandales, que encontró el arca. Al abrirla, descubrió al niño y por los objetos que llevaba, comprendió que era noble. Su mujer acababa de tener un hijo, llamado Gandalín, y decidieron criar al doncel* junto a su propio hijo.

Un día, Gandales cabalgaba por un bosque cuando vio a un jinete* perseguir a una doncella. Acudió a defenderla como era obligación de los caballeros y, después de derribar a su adversario, la doncella se transformó en anciana y dijo:

—Noble señor, muchos caballeros desearían matarte, porque el niño al que has salvado está destinado a ser el mejor caballero de su tiempo y a realizar las hazañas más asombrosas. Te lo digo yo, que soy la maga Urganda la desconocida.

Amadís, a quien todos llamaban el doncel del Mar, crecía cada vez más hermoso. Un día, Languines, el rey de Escocia llegó al castillo de Gandales y quedó maravillado por la valentía de Amadís, quien defendió a su hermano ante un chico mucho

arca: cesta cerrada preparada para resistir el agua.
pergamino: piel de animal preparada para escribir, utilizada en el pasado.

doncel: chico joven hijo de padres nobles
jinete: hombre que va a caballo

mayor. Cuando conoció su historia, solicitó criarlo en la corte. Amadís aceptó, si podía llevar consigo a Gandalín. La reina los tomó bajo su protección y los educó junto a su hijo Agrajes.

El manuscrito habla ahora del rey Perión, que había vuelto a Gaula después de pasar mucho tiempo recorriendo el mundo en busca de aventuras. Le llegó una carta de Elisena en la que decía que su padre el rey había muerto y su hermana quería quitarle sus tierras. Perión fue rápidamente a Gran Bretaña y declaró que quería casarse con ella. Además, logró un acuerdo con el rey de Escocia, marido de la hermana de Elisena. Después de la boda, los recién casados volvieron a su reino. En el camino se detuvieron en una ermita*; allí un viejo les hizo una profecía: de Gaula saldrán dos dragones que devorarían* a los animales salvajes de otras tierras.

Pasaron los años y los reyes tuvieron dos hijos, Melicia y Galaor. Cuando este tenía pocos años, llegó un enorme gigante por el mar y se lo llevó. Este gigante se llamaba Gandalac y no era malo como otros de su raza. Raptó a Galaor porque según una profecía el hijo del rey Perión mataría al asesino de su padre.

Mientras esto pasaba, a la corte de Escocia llega el rey Lisuarte, que iba a Bretaña a ocupar el trono. Tiene que luchar con muchos enemigos, así que deja en la corte escocesa a Brisena, su mujer, y a su hija, la bellísima Oriana. Así se conocen Oriana y Amadís, siendo adolescentes*. También el rey Perión pide auxilio* a Escocia, porque el rey Abiés de Irlanda ha invadido sus tierras. Languines autoriza a su hijo Agrajes a ayudarle con un ejército. Amadís quiere

ermita: iglesia pequeña en medio del bosque
devorar: comer con muchas ganas

adolescente: joven entre los 12 y los 19 años
auxilio: ayuda, socorro

ser armado caballero, aunque es muy joven, y pide ayuda a Oriana. Esta convence al rey Perión para que arme caballero al Doncel del Mar y le concede que sea su servidor. Amadís le regala la carta que le dieron al abandonarlo en el mar. Después, se va en busca de aventuras con su hermano Gandalín como escudero*.

Al llegar a un bosque debe combatir contra tres caballeros porque una doncella mentirosa le acusa de haber matado a su marido. Aunque es su primer combate, consigue vencerlos.

Al primero lo derriba del caballo con su lanza, aunque él también cae al suelo. Los otros dos le atacan con lanzas, pero consigue rechazarlos con su escudo y luego los deja fuera de combate* con su espada. Los caballeros vencidos reconocen la inocencia de Amadís y prometen ir a la corte de Languines y contar que los ha vencido el guerrero principiante. Amadis sigue su camino y se encuentra con una doncella que le regala una lanza y le anuncia grandes hazañas. Esa doncella es Urganda la hechicera*, su protectora.

Poco después llegan a un castillo donde ve a dos caballeros y diez peones* que atacan cobardemente a un solo caballero. Reconoce al rey Perión y carga contra ellos. Con su lanza derriba a uno de los caballeros y luego atraviesa el escudo y la armadura del otro, hiriéndolo. Después arremete* contra los peones, matándolos y obligándolos a huir. El rey Perión le pide que se quite el yelmo* para saber quién es, pero el Doncel del Mar le dice que antes quiere ayudarlo en la guerra que se acerca.

El joven prosigue su camino, pero se acuerda de Oriana, y se

---

escudero: ayudante del caballero, que le lleva las armas y el escudo
fuera de combate: vencido, que ya no puede luchar
hechicero: mago

peón: soldado que lucha a pie
arremeter: atacar con fuerza
yelmo: pieza de la armadura que oculta la cara

pone a llorar. Dos caballeros que lo ven se burlan de él y le dicen que no es digno de su amada. Amadís los desafía y derriba a uno de un fuerte lanzazo y al otro le arranca el yelmo de la cabeza con su espada. Luego va a la corte del rey Perión, quien reconoce al caballero que lo ayudó. A la reina Elisena le impresiona la belleza del joven y se entristece pensando en el hijo que perdió.

El ejército del rey Abiés de Irlanda llega a Gaula y trama* un truco para derrotar a Perión. Una parte de las tropas se presenta ante la corte para atraer a los caballeros de Gaula a una floresta* donde los esperan escondidos todos los demás enemigos. Empiezan los combates. Agrajes y el Doncel del Mar luchan con gran valor y causan el pánico* en las filas enemigas. Amadís derrota al primo de Abiés, y luego se lanza como un león contra sus adversarios, derribando a unos, hiriendo y matando a otros. Agrajes que lucha a su lado, grita:

—¡Mirad al mejor caballero que habéis visto!

De repente aparece en el bosque el resto de las tropas enemigas. Los soldados de Gaula se asustan, porque están cansados y los enemigos son muchos. Amadís los anima y se lanza contra los irlandeses, seguido por Agrajes y el rey Perión, causando una gran matanza. Abiés mira asombrado a ese caballero tan valiente y cuando le dicen que es quien ha derrotado a su primo, se acerca a él y lo desafía. Quien gane, ganará también la guerra. Abiés era un guerrero temido por su fuerza y le pareció fácil luchar contra el joven doncel. Los dos jinetes se lanzan con tanta furia que caen con sus caballos y se hieren por todo el cuerpo. Empiezan

---

tramar: organizar algo malo.
floresta: bosque

pánico: mucho miedo, terror

a luchar con sus espadas. Abiés era mucho más alto y sus golpes son terribles, pero Amadís era muy ágil* y le atacaba sin parar. Combaten varias horas y sangran por sus muchas heridas. Al final, cansado, Abiés es herido en una pierna y cae derrotado. Reconoce que ha sido soberbio y pide perdón antes de morir.

En el castillo celebran la victoria. Perión reconoce el anillo de Amadís y Elisena se lo cuenta todo. Ambos van a la habitación de Amadís y el rey ve su espada. El Doncel del Mar les enseña la carta que le ha devuelto Oriana y la reina comprende que es su hijo. Amadís se abraza con emoción a sus verdaderos padres.

Ahora el autor vuelve a hablar de Galaor que vive con el gigante Gandalac. Este le enseña a luchar para ser caballero. De camino a la corte del rey Lisuarte, ven a un caballero de armadura blanca y escudo con leones que ataca un castillo, vence a muchos soldados y rescata a los prisioneros. Impresionado por su valor, Galaor le pide que le arme caballero. Urganda, que acompaña al caballero de los leones regala a Galaor unas hermosas armas y le revela que ese caballero es Amadís, su hermano.

Galaor, para pagar la deuda que tiene con Gandalac va a desafiar al asesino de su padre, el terrible gigante Aldabán. Este era tan alto como una torre y llevaba una enorme maza*. La lucha fue espantosa*. El gigante mata al caballo de Galaor y le rompe el escudo, pero este, con la espada de Urganda, parte la maza y luego le corta un brazo y una pierna a su enemigo, y la cabeza después. Galaor sigue su camino, pero un malvado enano le ataca con unos soldados. El joven los persigue y llega a un castillo, donde

ágil: que se mueve muy rápido
maza: especie de martillo muy grande
espantosa: horrible, que da miedo, feroz

unos caballeros intentan matarlo a traición, Galaor sufre muchas heridas, pero logra vencerlos y liberar a todos los prisioneros, que dan las gracias al valiente caballero.

Amadís, mientras tanto, llega a la corte del rey Lisuarte y defiende enseguida en duelo* a una doncella contra el caballero Dardán. Este, en nombre de su dama, reclama unas tierras a la doncella y como Dardán es el mejor caballero de Bretaña, nadie se atreve a luchar contra él. El combate entre los dos es terrible y Amadís está a punto de morir porque ve a Oriana en una ventana y se distrae. Al final, vence a su adversario, y este, tras ser rechazado por su dama, la mata y se suicida.

Esa noche, la bella Oriana habla desde su ventana con Amadís y le pide que sea su caballero.

Amadís sale en busca de Galaor y se encuentra con un enano que le lleva al castillo del malvado hechicero Arcaláus. Allí ni los más valientes caballeros se atreven a entrar, pero Amadís combate contra varios carceleros y a todos los vence. Luego lucha con el hechicero, pero este, al verse derrotado, se refugia en una habitación. Nada más entrar en ella, Amadís pierde sus fuerzas y cae sin sentido al suelo, como muerto. Arcaláus le quita su armadura y sus armas y se marcha para proclamar que ha vencido al mejor caballero del mundo. Aparece Urganda que rompe el hechizo* contra Amadís. Ya recuperado, el caballero toma la armadura de Arcaláus y libera a todos sus prisioneros.

---

duelo: combate entre dos caballeros
hechizo: acto de magia o brujería

Comprensión lectora

1 **Di si las siguientes afirmaciones son verdaderas (V) o falsas (F).**

	V	F
1 Amadís y Galaor se criaron con sus padres y jugaban mucho juntos.	☐	☐
2 Amadís y Oriana se aman desde que son adolescentes.	☐	☐
3 Arcaláus es un hechicero bueno, protector de Amadís y sus hermanos.	☐	☐
4 No todos los gigantes son malas personas.	☐	☐
5 Perión y Elisena reconocen a Amadís en cuanto lo ven.	☐	☐
6 Amadís destaca desde niño por su hermosura.	☐	☐
7 Los jóvenes caballeros sufren derrotas en sus primeros combates.	☐	☐
8 El ejército irlandés intenta vencer con trampas al de Gaula.	☐	☐

Gramática

2 **En este fragmento del texto indica los verbos que están en pretérito indefinido y a continuación indica su infinitivo:**

La princesa se quedó muy triste. Con el tiempo supo que esperaba un hijo. Así que pidió a sus padres retirarse a una torre del castillo. No podía avisar a Perión que iba por el mundo como caballero andante en busca de gloria con sus hazañas. Al final, Elisena dio a luz a un niño. Darioleta, para salvar a su señora, colocó al niño en un arca y metió dentro la espada y el anillo del rey Perión. Después cerró el arca y esa misma noche la dejó en el río. Las aguas llevaron al recién nacido hasta el mar. Su destino era la muerte, pero Dios quiso salvarlo. Navegaba por allí un noble escocés llamado Gandales, que encontró el arca. Al abrirla, descubrió al niño y por los objetos que llevaba, comprendió que era noble. Su mujer acababa de tener un hijo, llamado Gandalín, y decidieron criar al doncel junto a su propio hijo.

Vocabulario

3 **Busca el intruso en las siguientes series de palabras:**

1 corte | rey | reina | barca | princesa
2 lanza | espada | maza | escudo | camisa
3 caballo | león | ciervo | enano | dragón
4 padre | hija | amigo | hermano | abuela
5 castillo | mar | bosque | floresta | huerto
6 guerra | lectura | caza | duelo | combate
7 manuscrito | espada | casco | anillo | arca
8 ágil | valiente | hermoso | yelmo | fuerte

Expresión escrita

4 **Imagínate que eres Amadís de doncel y después de llegar a la corte de Escocia le escribes una carta a Gandales para contarle qué haces, qué es lo que te gusta más y menos.**

ANTES DE LEER

¡Tienes la palabra!

5 **¿Qué crees que va a ocurrir con Amadís en el siguiente capítulo?**

A ☐ Volverá a la corte y se casará con Oriana.
B ☐ Recorrerá el mundo ayudando a los necesitados de ayuda.
C ☐ Se dedica a buscar aventuras pero sin alejarse de Gran Bretaña.
D ☐ Avergonzado por el engaño de Arcaláus se retira de la caballería y se hace pastor

Capítulo 2

Caballeros andantes

▶ 3 Amadís prosigue su camino con Gandalín y el enano, en busca de aventuras que le den fama y gloria, como buen caballero andante. En una llanura se encontraron con una hermosa carroza, arrastrada por doce caballos y cubierta de terciopelo* rojo. Cuando se acercó a verla, los caballeros que la vigilaban le dieron el alto*, pero Amadís no les hizo caso. Tuvo que luchar contra ellos. Al primero le cortó la armadura, al segundo lo derribó de un lanzazo; lo atacaron otros dos, pero también los hirió, después de romperles las armaduras con su espada. Los otros cuatro se lanzaron contra él y le dieron fuertes golpes, pero uno cayó desmayado* por el choque de los caballos, a otro lo mató de una herida en el cuello y los que quedaron huyeron tras perder sus armas. En la carroza había una dueña* y una hermosa niña. La dama mayor maldijo a Amadís, pero este dijo que solo se había defendido. Al final le invitaron a acompañarlas a su castillo.

En cuanto entraron, Amadís se vio rodeado a traición por caballeros y soldados que lo querían apresar. Amadís no pudo coger el escudo, pero se defendió con bravura*. Mató a seis y dejó a otros tantos malheridos, pero el número de sus adversarios era muy grande. Capturaron al enano y a Gandalín. Amadís también

---

terciopelo: tela muy lujosa y cara
dar el alto: decir que pare
desmayarse: perder el sentido

dueña: señora casada
bravura: valor.

estaba a punto de ser vencido, pero la hermosa niña, admirada por su valor, decidió ayudarle. Ordenó a su criada soltar unos leones que estaban encerrados. Los leones atacaron a los soldados y Amadís se salvó. Hicieron las paces y le contaron la historia de la hermosa princesa del castillo, que se llamaba Briolanja. Su padre, el rey de Sobradisa, fue asesinado por Abiseos, su hermano traidor y ella estaba buscando a tres caballeros para luchar contra él y sus dos hijos. Amadís le prometió buscar a otros dos caballeros y volver dentro de un año a ayudarla.

El caballero siguió su camino y se cruzó con un caballero que quería matar a su enano, pues una doncella le había dicho que la había ofendido. Amadís lo desafió para impedirlo y lucharon, pero su adversario era tan buen caballero como él y el combate duró todo el día. Apareció otro caballero que preguntó a la doncella qué ocurría.

—Esos dos caballeros son Amadís y Galaor, enemigos de mi tío Arcaláus. Yo los he engañado para que luchen y espero que ambos mueran.

El caballero, que era uno de los prisioneros de Arcaláus, la maldijo y la derribó de un golpe y luego corrió a detener a los hermanos. Ambos se abrazaron y fueron a recuperarse de sus heridas al castillo del caballero.

El autor del manuscrito pasa a hablar ahora de la corte del rey Lisuarte. Allí llegó Arcaláus con la armadura de Amadís y proclamó* que lo había matado. Todos se echaron a llorar y la más desesperada* era Oriana que se acostó en su habitación

---

proclamar: afirmar, decir muy seriamente   desesperado: que está muy triste, sin esperanza

y solo deseaba morir para reunirse con su amado. Unos días después, por suerte, llegó el enano de Amadís y les contó la verdad.

Galaor y Amadís, ya curados de sus heridas, volvieron al camino. En un cruce bajo un gran árbol encontraron a un caballero muerto tendido en una lujosa cama. Luego pasó al galope* un caballero con una dama a la que daba golpes. Amadís decidió perseguir al jinete malvado mientras Galaor se quedaba allí para descubrir quién era el caballero muerto. Un anciano le contó que era Antebón, valeroso caballero, a quien mató a traición Palingues para quitarle a su hermosa hija Brandueta. Estaba esperando a un valiente que quiera vengarlo. Galaor se ofreció a hacerlo y unas doncellas lo acompañaron al castillo de Palingues. Allí le obligaron a entrar subido en un cesto que arrastraron hasta las almenas*. Cuando estuvo dentro le dijeron:

—Bienvenido, jura que ayudarás al señor de este castillo.

—Antes le castigaré por su traición —respondió, y sacando su espada rompió el yelmo de uno de sus adversarios y derribó a otro. Palingues intentó huir, pero Galaor lo persiguió, lo sacó a rastras de su escondite y lo mató de un fuerte espadazo* en la cabeza. Después liberó a Brandueta, quien se enamoró de él al verlo tan hermoso y valiente. De regreso al castillo de su padre, los dos jóvenes pasaron la noche juntos.

Ahora el autor pasa a hablar de Amadís que perseguía al caballero descortés*. Lo alcanzó y lo derribó con su lanza. El caído le pidió clemencia* y Amadís le ordenó no hacer nunca más daño a las mujeres. Cuando se volvió, el traidor caballero le dio un espadazo,

al galope: ir en caballo muy rápido
almena: parte superior de las murallas
espadazo: golpe de espada

descortés: mal educado, que no se comporta bien
clemencia: no castigar, sentir pena

pero solo hirió al caballo. Amadís, furioso, le partió la cabeza en dos. Esa noche, mientras dormían, llegó otro caballero y se llevó a la dama. Amadis lo persiguió hasta un castillo. El portero le explicó las reglas para entrar y obtener lo que deseaba:

—En la primera puerta lucharás contra un caballero, en la segunda contra dos y en la tercera contra tres.

Amadís partió un brazo al primero de un lanzazo. Luego se arrojó* contra los dos siguientes; al primero lo derribo y lo dejó sin sentido, al segundo le quitó el yelmo de un mandoble* y aunque el caballero era valiente y quiso seguir luchando, Amadís le dio un golpe que le dejó aturdido* para no matarlo. En la tercera puerta luchó con tanta energía que los tres caballeros que la defendían huyeron. La señora del castillo, admirada de su valor le preguntó qué deseaba. Él pidió la devolución de la dama raptada, pero el caballero que se la había llevado dijo que estaba con él porque quería. Los dos se enfrentaron y Amadís tuvo la mala suerte de golpear con la espada contra una columna y romperla. Desarmado, estaba en grave peligro, pero se defendió bien con el escudo, cubriéndose de los feroces golpes de su adversario. Al final, consiguió empujarle contra la columna y quitarle la espada. Sin embargo, la doncella raptada le pide que le perdone, pues la raptó porque la amaba.

Galaor y Amadís, tras acabar sus aventuras, vuelven a la corte del rey Lisuarte, donde son recibidos con gran alegría. Galaor se convierte en caballero de la reina Brisena. Los secretos enamorados Amadís y Oriana lloran de alegría al verse, recordando la falsa noticia de la muerte del caballero.

arrojarse: lanzarse contra, atacar
mandoble: golpe de espada

aturdido: qué no sabe dónde está

Se celebraron cortes* en Londres con grandes festejos y torneos y acudieron todos los caballeros del reino. Unos días antes, un caballero misterioso deja a los reyes un cofre con una corona de oro para Lisuarte y un rico manto para Brisena, ambos mágicos. Los reyes quieren comprárselos y él les dice que ya les dirá su precio después de las cortes. En realidad, es una trampa del hechicero Arcaláus, que se ha puesto de acuerdo con un noble traidor, llamado Barsinán, para destronar* al rey Lisuarte. Cuando Barsinán vuelve a reclamar el cofre, los objetos mágicos han desaparecido y, a cambio, el caballero exige llevarse a Oriana. El rey se ve obligado a aceptar y acompaña al grupo cuando se va. Al regresar a Londres, se encuentra con una doncella que le pide ayuda y lo lleva a un bosque. Allí le entrega unas armas que le dice que son mágicas. En cambio, son falsas y se rompen cuando el rey es atacado por los hombres de Arcaláus, en una nueva trampa del malvado hechicero. A pesar de todo, el rey se defiende con la espada que le quita a uno de sus enemigos, pero al final es encadenado. Arcaláus tiene en su poder al rey y a Oriana y los encierra a cada uno en un castillo.

Amadís no ha podido hacer nada porque unos días antes se había marchado con Galaor para ayudar a una doncella a rescatar a su padre. En el camino, una noche que estaban desarmados, se vieron rodeados a traición por quince soldados. Intentaron resistirse, pero Amadís recibió una herida y tuvieron que rendirse. La dueña del castillo, a quien le gusta Galaor, les deja marchar a cambio de pasar la noche con él.

cortes: reunión de todos los nobles para discutir asuntos del reino   **destronar:** quitar el trono

De regreso a la corte, se enteraron de lo sucedido y fueron al bosque, donde unos leñadores les contaron lo ocurrido. Se separaron: Galaor fue tras el rey y Amadís en busca de Oriana. Amadís iba encontrando rastros del paso del grupo, un caballero muerto y un ermitaño* que le señaló el castillo de Arcaláus. Sus murallas muy altas y nuestro caballero no sabía cómo entrar. Decidió esperar escondido. Al amanecer, vio salir a Arcaláus con cuatro caballeros y Oriana. Llorando de emoción al ver a su amada, y pidiendo ayuda a Dios, se lanzó contra ellos: al primero le atravesó el cuerpo con la lanza. A otro le cortó un brazo con un fuerte golpe de espada y al tercero le partió la cabeza en dos. El cuarto caballero huyó, pero Amadís prefirió ir detrás de Arcaláus que huía con Oriana a caballo. Los alcanzó, pero se atrevió a golpear con fuerza por temor a herir a su dama. Arcaláus, viendo el peligro, dejó caer a Oriana y huyó. Amadís lo dejó marchar para ver qué tal estaba su amada. Ella temblaba de miedo y de emoción, pero no tenía heridas. Además, encontraron la espada de Amadís que Arcaláus había perdido en la lucha.

Emprendieron* el camino de vuelta, pararon a dormir en un bosque, y más por la gracia y el atrevimiento de Oriana que por el tímido* Amadís, hicieron el amor y pasaron la noche juntos.

El manuscrito nos habla ahora de Galaor, que había ido en busca del rey Lisuarte. Por el camino, renunció a combatir con dos caballeros que lo habían desafiado para no perder tiempo y estos, creyéndole un cobarde lo persiguieron, pero Galaor iba

---

ermitaño: persona santa que vive en una ermita.
emprender: empezar a hacer algo

tímido: que no se atreve a hacer nada por vergüenza

muy rápido. Por fin encuentra al primo de Arcaláus que junto a diez caballeros lleva al rey con una cadena al cuello y se lanza valientemente contra ellos. Eran muchos y Galaor recibió varias heridas, pero con su valor y gran manejo de las armas mató a varios. Los dos caballeros que lo seguían comprendieron que era un valiente y corrieron a ayudarle, y también el rey derribó a algunos. Después de vencer a sus enemigos, el primo de Arcaláus, a cambio del perdón, contó al rey toda la conspiración, así que decidieron volver a toda prisa.

En Londres, efectivamente, aprovechando que casi todos los caballeros se habían marchado a rescatar* al rey, Barnisán junto con seiscientos soldados intentó tomar el palacio y apresar a la reina. Pero Arbán, el sobrino de los reyes, se enfrentó a él con doscientos caballeros. Al final del día, aunque eran muy pocos y muchos estaban heridos o muertos, los defensores no quisieron rendirse. Barnisán les dijo que Lisuarte había muerto y que él se iba a casar con Oriana. Esa noche entró Amadís a escondidas en el palacio, después de dejar a Oriana a salvo y al día siguiente, con una armadura que ocultaba quién era, salió a la cabeza de los defensores contra las tropas* de Barnisán e hizo una matanza enorme, empezando por el propio traidor. Sus enemigos, asustados, huyeron. Poco después llegaron Galaor y el rey Lisuarte y todos juntos celebraron la victoria.

Amadís no olvidaba su compromiso de ayudar a Briolanja y se dirigió al reino de Sobradisa acompañado por Galaor y Agrajes. Por el camino se encontraron en un bosque a un caballero que los

rescatar: devolver la libertad   tropas: soldados, ejército desafió a un duelo con lanzas y consiguió, sorprendentemente, derribar a Agrajes y a Galaor, y hacer tablas* con Amadís antes de marcharse. Galaor, muy enfadado, lo buscó hasta encontrarlo y después de un durísimo combate casi lo vence. La dueña del castillo le explicó que era su hermanastro* don Florestán, hijo del rey Perión y de una condesa, nacido antes que Amadís.

Mientras tanto, Agrajes y Amadís llegaron a Sobradisa y Briolanja fue a desafiar al traidor rey Abiseos, por sus derechos al trono. Al día siguiente, nuestros dos caballeros, pues Galaor aún no había llegado, se enfrentaron al rey y a sus dos hijos. Estos, aunque traidores, eran muy buenos guerreros y el combate fue muy duro. El rey y sus hijos se aprovechaban de que eran uno más. Al final, Amadís consiguió matar a uno de los hijos, pero su caballo recibió un golpe tan fuerte que cayó al suelo muy mal herido. La espada de Agrajes se había quedado clavada en la armadura del rey y este y su otro hijo le dieron tantos espadazos que estaban a punto de matarlo. Sin embargo, Amadís contratacó pese a sus heridas y de un fuerte golpe le arrancó un brazo a Abiseos, mientras Agrajes soltó su espada y le cortó la cabeza al otro hijo. Así recuperó la princesa Briolanja su reino. Florestán y Galaor llegan a Sobradisa y los paladines pasaron varios días en el palacio real de hasta que se curaron sus heridas gracias a los cuidados de Briolanja, que sentía mucho amor por Amadís. ⬤

---

hacer tablas: ni ganar ni perder   **hermanastro:** hermano solo de padre o de madre

ACTIVIDADES

Comprensión auditiva

▶ 3 **1** **Escucha de nuevo el Capítulo 2 y une cada pregunta con la respuesta adecuada.**

1 ¿Por qué se salva Amadís en el castillo de Briolanja?

2 ¿Todos los caballeros que hemos visto se comportan bien?

3 ¿Por qué desaparecen la corona y el manto del cofre de Barnisán?

4 ¿Gracias a quién conocen el amor físico Oriana y Amadís?

A No, algunos son traidores y abusan de las mujeres.

B Porque la doncella suelta a unos leones.

C Gracias a Oriana, porque Amadís era muy tímido y no se atrevía.

D Arcaláus los había hechizado, eran mágicos.

Gramática

2 **Amadís y Oriana hablan al encontrarse después de la falsa noticia de la muerte del caballero. Completa los verbos entre paréntesis con el tiempo correspondiente del pretérito perfecto y pluscuamperfecto.**

Oriana: Esta mañana me (sentir) _____a_____ desesperada cuando me (decir)_____b_____ que (morir) _____c_____ a manos de Arcaláus.

Amadís: Ese viejo hechicero (mentir) _____d_____. ¿Cómo (poder) _____e_____ creer que podía vencerme? Mi hermano y yo (luchar) _____f_____ muy bien y yo (pensar) _____g_____ en ti todo el rato. Tú me (dar) _____h_____ las fuerzas que me (permitir) _____i_____ vencer a mis enemigos.

Oriana: Qué bien que te (ayudar) _____j_____, no sabes el miedo que (pasar) _____k_____ pensando que te (herir) _____l_____ en la lucha.

Amadís: Me (esforzar) _____m_____ mucho en luchar bien, me (decir) _____n_____ que tenía que ser digno de ti. Yo (acabar) _____ñ_____ reventado de cansancio.

32

Vocabulario

3 Completa la sopa de letras buscando los nombres de adjetivos que definen virtudes y defectos de los caballeros. Recuerda que las palabras pueden estar en todas las direcciones y cruzarse.

valiente	traidor	descortés	fiel	cobarde	hermoso	generoso	ágil

T	O	E	T	N	E	I	L	A	V
R	C	E	Q	R	G	I	E	C	A
A	F	A	L	E	I	F	V	V	G
I	A	O	U	V	T	I	S	E	E
D	E	S	C	O	R	T	E	S	N
O	B	O	E	E	D	L	I	D	E
R	X	M	H	D	R	L	K	E	R
O	F	R	T	U	R	E	U	V	O
R	U	E	U	C	B	A	B	O	S
L	I	H	A	T	G	P	B	M	O
H	O	V	W	E	U	B	A	O	N
A	O	L	I	G	A	I	T	L	C

Expresión escrita

4 Imagina ahora tú un diálogo con un amigo en el que le cuentas una situación en la que has pasado mucho miedo.

ANTES DE LEER

¡Tienes la palabra!

5 Amadís y sus compañeros pasan unos días en el castillo de Briolanja. ¿Qué piensas que va a suceder a continuación?

A ☐ Amadís conoce mejor a Briolanja y le es infiel a Oriana.

B ☐ Un malentendido hace que Oriana y Amadís rompan su relación.

C ☐ Vuelven a la corte y Amadís descubre que Oriana ha desaparecido.

Capítulo 3

Beltenebros

(▶) 4 Nuestros caballeros decidieron volver a la corte de Lisuarte y en una ermita* del camino, una doncella les contó la maravillosa historia de la Ínsula firme. Un hijo de un rey de Grecia, llamado Apolidón, era muy buen caballero y además dominaba las artes de la hechicería. Cuando su padre murió, dejó el reino a su hermano y se fue por el mundo realizando grandes hazañas. Se enamoró de la hermosa Grimanesa, hermana del emperador de Constantinopla, pero este no dio permiso para su boda. Los dos amantes tuvieron que embarcarse y llegaron a la Ínsula, cuyo dueño, un espantoso gigante, quiso echarlos. El valiente Apolidón lo mató y los dos vivieron felices en la isla. Cuando el emperador murió, los griegos eligieron a Apolidón como su sucesor. Antes de abandonar la isla, Grimanesa pide a su amado que en esa isla solo reinen personas mejores que ellos.

Apolidón, con sus conocimientos mágicos, construyó en la entrada un arco encantado por el que solo podían pasar los caballeros y damas fieles a su primer y único amor. En el interior del palacio colocó una habitación encantada donde había dos estatuas de ellos y a la que se llegaba por un pasillo con dos columnas, una de cobre y otra de mármol. A esa habitación solo

ermita: iglesia pequeña de campo

podía entrar un caballero más valiente que Apolidón y una dama más hermosa que Grimanesa, y serían los nuevos señores de la isla. Muchos lo habían intentado y habían fracasado.

Los caballeros quedaron asombrados al oír una historia tan extraordinaria y decidieron ir a la Ínsula a probar suerte. Florestán, Agrajes y Amadís cruzaron sin problemas por el arco de los leales amadores, del que salió una música maravillosa que decía que eran fieles a sus amores. Galaor pasaba de dama en dama y no lo intentó. Luego los cuatro fueron a la cámara* encantada. Primero entró Florestán, pero por el pasillo recibió tantos golpes de manos invisibles que cayó desmayado y salió expulsado. Luego lo intentó Galaor, y le ocurrió lo mismo. Tampoco Agrajes pudo pasar de la mitad del recorrido. Por fin llegó el turno de Amadís. A pesar de los golpes que recibía, siguió avanzando y llegó a la mitad. Cayó de rodillas, pero continuó hacia adelante hasta que una voz dijo:

—¡Bienvenido el nuevo señor de la isla, que ha superado a Apolidón en valentía!

Los habitantes de la isla estaban muy contentos con su nuevo rey. Mientras tanto, el enano de Amadís había ido a la corte de Lisuarte. Había visto que Briolanja estaba muy enamorada de Amadís y pensó que este también la amaba y así lo dijo. Oriana, al oírlo, creyó morir de dolor. Se encerró en sus habitaciones y no hacía más que llorar ante la traición de su amado. Muy triste y enfadada, le escribió una carta de ruptura:

«Declaro entre quejas* que eres el más falso de los caballeros y yo la más desdichada* de las mujeres. No quiero volver a

cámara: habitación
queja: lamento de pena

desdichada: desgraciada, infeliz

verte nunca más. Así me curaré del dolor que me has causado.»

El mensajero fue hasta la Ínsula Firme a entregar la carta a Amadís, quien quiso responder, pero Oriana rechazaba sus respuestas. Amadís, desesperado, abandonó el reino y se retiró a hacer penitencia⋆.

Viajó todo el día sin saber a dónde iba, llorando. Gandalín, su escudero lo seguía e intentaba tranquilizarlo. Le decía que Oriana debía haberse equivocado o le habían dado noticias falsas, pero Amadís era inconsolable⋆. Esa noche, mientras su escudero dormía, se marchó solo y llegó a un lugar desolado⋆, en medio del bosque, donde había una fuente. Junto a ella descansaba un viejo monje. Viendo al caballero tan triste y lloroso le explicó que era un ermitaño que vivía en la mayor pobreza gracias a las limosnas de la gente, totalmente solo, en una isla llamado la Peña Pobre. Amadís le pidió acompañarlo a la islita para hacer penitencia junto a él. El ermitaño, viendo que era un hombre muy guapo, pero también que estaba muy triste, le puso el nombre de Beltenebros o «el bello tenebroso». Amadís, con su nuevo nombre, pasó largo tiempo allí, sin armadura, flaco y agotado por su penitencia, a punto de morir de hambre porque, debido a la pena, comía muy poco. Un día, bajo los árboles, llorando junto a una fuente, oyó una música y se encontró con Corisanda, la amada de Florestán que iba con sus doncellas camino al reino de Lisuarte. Nadie reconoció a Amadís, pues estaba muy desmejorado, y les dijo que se llamaba Beltenebros y les cantó una hermosa canción de amor que había compuesto en su retiro.

---

hacer penitencia: llevar una vida dura y difícil para compensar un error

inconsolable: que no se tranquiliza ni se calma
desolado: deshabitado, sin vida

El autor pasa a hablar ahora de Oriana, porque Gandalín había regresado a la corte y le contó a todos el triunfo de Amadís en la difícil prueba del arco de los leales amadores. Oriana comprendió que había cometido un error, y que Amadís solo la amaba a ella. Cayó desmayada y cuando recuperó el sentido, escribió otra carta en la que le pedía perdón por su equivocación y le citaba en secreto en el castillo de Miraflores. Más tarde llegó a la corte Corisanda quien le cantó la canción de Beltenebros a Oriana. Ambas comprendieron que era Amadís, y Oriana envió a su doncella con la carta a buscarlo.

Después de una larga travesía* por mar con muchas dificultades, la doncella de Oriana llegó a la Peña Pobre. Al verla, Amadís se desmayó, y la doncella lo reconoció por una cicatriz* de la cara, Cuando volvió en sí*, le entregó la carta. La alegría del caballero al leerla fue tanta que sus ojos se llenaron de lágrimas. Se despidió del ermitaño que tanto le había ayudado y se embarcó de regreso. Al llegar a Bretaña, se detuvieron en un hermoso bosque de la orilla, y así Amadís pudo recuperarse de su estado de debilidad.

Mientras tanto, Galaor, Florestán y Agrajes habían regresado a Londres, y allí solo se hablaba de dónde estaría Amadís. El rey les contó que los necesitaba para un gran desafío de cien de sus caballeros contra otros cien del rey Cildadán de Irlanda, su vasallo, que quería librarse de los tributos* que le pagaba. De pronto se presentó un caballero, que lanzó el siguiente desafío a Lisuarte:

—Rey, soy don Ladín, sobrino del rey Cuadragante, hermano del

travesía: viaje
cicatriz: marca de una herida curada
volver en sí: recuperarse, despertarse
tributo: una especie de impuesto

38

difunto rey Abiés, y he venido a vengarle. Nos ayudan los ejércitos de nuestros aliados, los gigantes Famongomadán, su sobrino Cataldá y Madanfabul, y también Arcaláus el encantador. Ayudaremos al rey Cildadán si no nos entregas a Oriana para que sea nuestra criada.

El rey, como es lógico, se negó y Florestán se ofreció a sustituir a Amadís en un duelo contra Ladín, que se celebraría después de la batalla.

El autor vuelve ahora a Beltenebros, que ya había recuperado las fuerzas, y había conseguido una nueva armadura y un escudo con leones, para ocultar su verdadera identidad. Cuando su escudero alaba su apariencia, le responde:

—Es el corazón de los hombres lo que los hace buenos y no su aspecto. No lo olvides nunca.

Nuestro héroe cabalgó durante siete días para reunirse con Oriana. Al octavo se encontró con el gigantesco don Cuadragante, quien le preguntó si era un caballero de Lisuarte porque había jurado matarlos a todos. Beltenebros le dijo que no lo era, pero que combatiría contra él porque admiraba mucho al rey. Se lanzaron al galope con las lanzas y Beltenebros quedó herido, pero pudo derribar a Cuadragante. Este le dio un espadazo al caballo de Beltenebros, quien se burló de su adversario llamándole matacaballos. El combate fue tan feroz que parecía que luchaban diez caballeros. Al final, Cuadragante, más cansado, recibió un golpe en el yelmo y cayó al suelo. Pidió clemencia* y Beltenebros le dijo que debía declararse vencido. El caballero le respondió:

—Haré lo que me mandes, pero no estoy vencido, porque

---

pedir clemencia: solicitar piedad, que no le maten

vencido está quien no lucha con todo su corazón, no quien combate hasta que le fallan las fuerzas.

—Has hablado bien —respondió Beltenebros—, te perdono y te mando ir a la corte de Lisuarte y no luchar contra él y también perdonar a Amadís por la muerte de tu hermano Abiés, porque me han dicho que fue un combate leal.

Cuadragante aceptó y desde ese día, Beltenebros y él fueron amigos y aliados. Nuestro caballero tuvo que pasar tres días en el castillo de unas doncellas para recuperarse de sus heridas y luego prosiguió su camino. En las afueras de Londres y ya cerca del castillo donde le esperaba Oriana, encontró unas tiendas donde unas damas y diez caballeros esperaban para hacer justas*. Él no quería perder el tiempo, aunque los caballeros lo llaman cobarde, pero las damas le piden que acepte el desafío, así que lucha y vence sucesivamente a sus diez adversarios.

Más adelante, apareció un carro tirado por doce caballos y guiado por unos enanos, lleno de caballeros prisioneros y cargados de cadenas y de doncellas que gritaban asustadas porque las iban a sacrificar a un dios pagano. Dos gigantes, Famongomadán y su hijo, fuertemente armados guardaban* el carro. Beltenebros estaba muy cansado por las justas y solo quería reunirse con Oriana, pero no podía dejar sin ayuda a esos desgraciados. Le pidió sus armas al escudero quien le dijo, asustado:

—Señor, ¿qué quieres hacer? ¡Ni veinte de los mejores caballeros juntos se atreverían a acometer esta empresa*!

Nuestro héroe, sin embargo, pidió en su corazón el apoyo de su

---

justas: combates a caballo y lanza por diversión o deporte
guardar: vigilar

acometer una empresa: realizar una hazaña, algo imposible.

amada Oriana y sintió que se llenaba de fuerza y de valor. Se lanzó al galope contra el primer gigante y le clavó en la tripa la lanza con tanta fuerza que le pasó al otro lado. El gigante tuvo tiempo de lanzarle un venablo* que mató a su caballo, derribándolo. Antes de morir pidió auxilio al otro gigante, Bagasante, su hijo. Éste se lanzó contra Beltenebros blandiendo un hacha. Amadís lo esquivó y lo hirió en la pierna con su espada. Bagasante le clavó el hacha en el escudo y Beltenebros logró herirlo en el brazo, pero su espada se rompió con el golpe. Amadís desclavó el hacha de su escudo y el gigante sacó su espada. Beltenebros le rompió el yelmo de un hachazo y Bagasante le cortó la coronilla* del casco sin llegar a herirle, aunque su espada quedó rota. Beltenebros aprovechó para clavar el hacha en la cabeza del gigante. Con los dos gigantes muertos, liberó a los prisioneros y les pidió que fueran a la corte de Lisuarte y llevaran el caballo del gigante de parte de Beltenebros.

Esa noche pudo entrar por fin a escondidas en el castillo de Miraflores y los enamorados pasaron ocho días juntos. Su escudero les contó que al palacio del rey había llegado un viejo caballero con una caja forrada con láminas de oro y dentro había una maravillosa espada y un tocado* de flores. El viejo explicó que la espada solo podía desenvainarla* aquel caballero que ame verdaderamente a su amada. Si era así, la hoja de la espada cambiaría de color volviéndose limpia y clara. Y si el tocado, de flores secas, se colocaba en la cabeza de la amada más fiel, las flores se volverían verdes y hermosas. Toda la corte iba a probar suerte.

venablo: lanza
coronilla: parte superior

tocado: prenda que se lleva en la cabeza
desenvainar: sacar la espada de la vaina o funda

Amadís convenció a Oriana para ir disfrazados a intentarlo, así quedarían tranquilos para siempre sobre su mutuo* amor. Cuando se presentaron en la corte, no los reconocieron. Todos alababan* a Beltenebros, pues la fama de sus hazañas contra los enemigos de Lisuarte se había difundido. Los caballeros del rey Lisuarte probaron a extraer la espada, pero nadie lo consiguió. Solo Florestán se quedó cerca. Llegó el turno de Beltenebros, quien logró desenvainarla totalmente. La hoja cambió de color, pasando de rojo ardiente a clara y limpia. Lo mismo ocurrió con las damas, solo en la cabeza de Oriana las flores reverdecieron. Todos quedaron muy asombrados y Galaor y Florestán sentían mucha rabia hacia ese caballero que parecía tan extraordinario como Amadís.

Cuando los dos enamorados volvían a su castillo, en un bosque se encontraron con Arcaláus y un enorme caballero, hijo del gigante Cartada, quienes, sin reconocerlos, le dijeron que le iban a quitar el tocado. Oriana temblaba de miedo, pero Amadís acometió* al gigante y le atravesó con su lanza. Arcaláus se acercó para vengarle, pero nuestro héroe le cortó media mano de un espadazo y el hechicero huyó. Beltenebros no quiso perseguirlo por no dejar sola a su dama. Se acercaba el día de la batalla de los cien caballeros y el rey Lisuarte recibió un mensaje de Urganda la Desconocida. En él le profetizaba* que la lucha iba a ser feroz y peligrosa y que tanto Galaor como él podrían perder sus vidas en ella. Además, le decía que la espada de Beltenebros sería fundamental para decidir la suerte de la batalla, pero que derramaría la sangre del propio Lisuarte.

mutuo: de los dos
alabar: hablar bien de alguien

acometer: atacar, lanzarse contra alguien
profetizar: avisar de lo que va a pasar

El día establecido para el combate, los cien caballeros de Lisuarte se prepararon y atacaron a los del rey Cildadán. Beltenebros, con su espada mágica, hacía maravillas. Galaor, Agrajes y Florestán no se quedaban atrás* en valor y habilidad guerrera contra los terribles gigantes. Uno de ellos, el feroz Cartada había matado a muchos caballeros. Galaor fue contra él y de un espadazo le quitó el yelmo y le cortó una oreja. El gigante, mientras caía, agarró a Galaor y apretó con mucha fuerza. Galaor creyó morir, pero consiguió clavarle la espada por un ojo y lo mató. La lucha había durado todo el día y los caballeros supervivientes* estaban muy cansados. Cildadán había dejado sin combatir a un grupo de caballeros al mando del gigante Madanfabul que bajaron a traición de una colina* para matar al rey Lisuarte. Sus caballeros corrieron a defenderlo. Beltenebros dio dos golpes tan fuertes a Cildadán que lo derribó. Galaor luchó hasta que cayó al suelo por la pérdida de sangre. Agrajes y Florestán mataron a muchos enemigos, pero Madanfabul consiguió llevarse a caballo al rey Lisuarte. Beltenebros, furioso porque creía que Galaor había muerto salió tras él gritando:

—¡Por Gaula, que soy Amadís! —y daba tales golpes que los enemigos caían muertos a su paso como conejos. Alcanzó por fin a Madanfabul y de un espadazo le cortó el brazo con el que sujetaba a Lisuarte. Hirió al rey, como había dicho la profecía, pero pudo liberarlo. Ante tanto valor, los caballeros de Lisuarte se recuperaron y derrotaron a sus adversarios. Todos tenían grandes heridas, pero Galaor estaba muy grave, y su vida corría peligro.

no quedarse atrás: ser igual
superviviente: que no muere, que sigue vivo después de un peligro

colina: monte pequeño

Entonces aparecieron doce doncellas que se llevaron en un barco a él y al rey Cildadán para curarlos.

Unos días después, tras la cena, Lisuarte y su gente vieron como dos fuegos se acercaban por el mar. Todos se asustaron mucho, pero, cuando estuvieron más cerca descubrieron que se trataba de una galera que llevaba dos grandes velas encendidas. El rey bajó a la playa con cincuenta caballeros, Amadís entre ellos. De la galera desembarcó una dama vestida de blanco con un cofrecillo de oro en sus manos. Era Uganda, que venía a explicar que era ella la que se había llevado a Galaor y lo estaba curando. También lanzó nuevas profecías, anunciando enemistad entre ellos, grandes sufrimientos y guerras, y especialmente a Amadís, pero este le respondió:

—Señora, sé que soy mortal y Dios decidirá cuándo acabará mi vida, así que, mientras tenga aliento★, lucharé contra la injusticia y los malvados.

Lisuarte no hizo caso de las palabras de Urganda y empezó a preparar una expedición★ a la isla enemiga de Mongaza. El señor de la isla, Ardán Canileo, mandó un mensajero proponiendo un duelo entre Amadís y él. Este era un caballero gigantesco, conocido como el Temido por su enorme fuerza. El día del combate se presentó con su amada Madásima, pues quería ganar ante ella la gloria de vencer al mejor caballero del mundo. Empezaron a luchar a espada en seguida, porque los caballos quedaron muertos en el primer choque. Los golpes de Ardán Canileo eran terribles, pero Amadís era más ágil. De los escudos

---

aliento: respiración, aquí quiere decir vida.　　　　**expedición:** viaje de conquista

y de los yelmos parecían salir llamas. Así estuvieron varias horas. Amadís sufrió muchas heridas y Oriana estaba muy asustada. Por fin consiguió darle un fuerte golpe en la cabeza a su adversario, pero la espada se le rompió. Ardán pensó que tenía la victoria en sus manos, pero Amadís se defendió con su escudo y la espada de su enemigo se quedó clavada en él. Así, nuestro héroe consiguió arrancarla y cortarle la cabeza a su adversario.

Con estos triunfos, todo parecía ir bien en la corte de Londres, pero las profecías de Urganda empezaron a hacerse realidad. Algunos nobles, envidiosos de Amadís, no dejaban de hablar mal de él al rey Lisuarte, aprovechando que estaba ausente curándose de sus heridas. Le decían que ya era más famoso que él y que quizá quiera quitarle el trono. Cuando Amadís volvió a la corte, se dio cuenta de que la actitud del rey Lisuarte había cambiado y estaba en su contra. El soberano*, mal aconsejado por los nobles malvados, se negó a recompensar a los caballeros de Amadís que con tanto sacrificio habían luchado por él y Amadís prefirió no enfrentarse al rey. Así que decidió marcharse a la Ínsula Firme con sus más cercanos amigos y parientes, aunque tuvo que dejar a Oriana en la corte.

soberano: rey

ACTIVIDADES

Comprensión lectora

1 Elige la respuesta más adecuada.

1 El único que no realiza la prueba del arco de los leales amadores es...
- **A** ☐ Galaor
- **B** ☐ Florestán
- **C** ☐ Agrajes

2 Amadís se retira a hacer penitencia...
- **A** ☐ para descansar de tanta lucha
- **B** ☐ porque se arrepiente de tantas muertes
- **C** ☐ por tristeza ante su ruptura con Oriana

3 ¿Por qué Amadís realiza tantos combates antes de llegar hasta Oriana?
- **A** ☐ Le gusta mucho luchar y aprovecha cada ocasión
- **B** ☐ Se ve obligado, porque se lo piden o para defender a los necesitados
- **C** ☐ Se lo ha pedido Oriana

4 Urganda dice que Amadís herirá a Lisuarte y efectivamente ocurre, porque...
- **A** ☐ lo hace sin querer al librarlo de Arcaláus
- **B** ☐ Amadís está enfadado con el rey
- **C** ☐ lo confunde con un enemigo

5 Las relaciones entre Amadís y Lisuarte se rompen porque...
- **A** ☐ el rey no le perdona que lo haya herido
- **B** ☐ se descubren los amores de Oriana y Amadís
- **C** ☐ el rey se deja convencer por sus malos consejeros

Vocabulario

2 Relaciona algunas de las palabras que han aparecido hasta ahora con su antónimo.

- **A** ☐ gigante
- **B** ☐ hechizado
- **C** ☐ caballero
- **D** ☐ desmejorado
- **E** ☐ señora
- **F** ☐ flaco

- **1** ☐ escudero
- **2** ☐ sano
- **3** ☐ enano
- **4** ☐ criada
- **5** ☐ desencantado
- **6** ☐ gordo

Gramática

3 **En este fragmento del texto cambia los verbos que están en pretérito indefinido por el presente.**

Nuestro héroe pidió en su corazón el apoyo de su amada Oriana y sintió que se llenaba de fuerza y de valor. Se lanzó al galope contra el primer gigante y le clavó en la barriga la lanza con tanta fuerza que le pasó al otro lado. El gigante tuvo tiempo de lanzarle un venablo que mató a su caballo, derribándolo. Antes de morir pidió auxilio al otro gigante, Bagasante, su hijo. Éste se lanzó contra Beltenebros blandiendo un hacha. Amadís lo esquivó y lo hirió en la pierna con su espada. Bagasante le clavó el hacha en el escudo y Beltenebros logró herirlo en el brazo, pero su espada se rompió con el golpe. Amadís desclavó el hacha de su escudo y el gigante sacó su espada. Beltenebros le rompió el yelmo de un hachazo y Bagasante le cortó la coronilla del casco sin llegar a herirle, aunque su espada quedó rota. Beltenebros aprovechó para clavar el hacha en la cabeza del gigante. Con los dos gigantes muertos, liberó a los prisioneros y les pidió que fueran a la corte de Lisuarte y llevaran el caballo del gigante de parte de Beltenebros.

Expresión oral

4 **Organizad un debate en clase sobre las relaciones entre hombres y mujeres en los libros de caballerías, desde un punto de vista moderno.**

ANTES DE LEER

¡Tienes la palabra!

5 **¿Qué crees que va a pasar después de la ruptura entre Lisuarte y Amadís?**

A ☐ Oriana interviene y hacen las paces.

B ☐ Amadís se marcha por el mundo en busca de aventuras.

C ☐ Estalla la guerra entre los dos.

Capítulo 4

El Caballero de la Verde Espada

▶ 5 Amadís decidió ir ver a sus padres y se embarcó hacia Gaula. Durante el viaje se cruzaron con la isla Triste donde vivía el cruel gigante Madarque, que no dejaba con vida a ningún visitante. Amadís decidió desembarcar con su compañero Bruneo, pues era obligación de los caballeros acabar con situaciones así. Caminando por la isla vieron a dos caballeros luchando contra muchos soldados. Eran Galaor y el rey Cildadán, así que Amadís cargó con fuerza contra sus adversarios. Estos, al ver que aquel caballero era invencible, tocaron un cuerno para llamar al gigante. Apareció entonces Madarque, armado con una enorme lanza y un gran escudo y daba miedo. Amadís pensó en su amada Oriana para reunir valor y se arrojó contra él. El golpe de lanza fue tan fuerte que el caballo cayó y el gigante se partió una pierna. Bruneo, por su parte, había acabado con muchos enemigos y Galaor y Cildadán consiguieron recuperarse. Los soldados huyeron. Cildadán, que era amigo de los gigantes le pidió a Amadís que perdonara la vida a Madarque. El caballero le perdonó a cambio de hacerse cristiano y no volver a matar a nadie. Tras liberar a todos los prisioneros, volvieron al barco y allí les atacó a traición la giganta Andandona, hermana de Madarque, lanzándoles una flecha que hirió a Bruneo.

Luego la feroz giganta huyó, prometiendo venganza contra ellos. Por fin llegaron a Gaula, donde la reina Elisena y el rey Perión se alegraron mucho de ver a sus hijos.

El autor pasa a hablar de Oriana, que se había quedado embarazada. La princesa vivía encerrada en sus habitaciones, porque por la ausencia de Amadís no tenía ganas de las fiestas de la corte. Así nadie se dio cuenta de su embarazo ni del nacimiento del hijo de Amadís, que tenía unas extrañas letras rojas en el pecho. La doncella de Oriana y su hermano Durín se llevaron en secreto al niño al castillo de Miraflores, pero por el camino apareció una leona que asustó a los caballos. Cuando pudieron volver, comprobaron que la fiera* se había llevado al niño. En esos bosques vivía también un hombre santo llamado Nasciano. Cuando oyó un llanto de niño se acercó a la cueva de la leona y le prohibió hacerle daño. El animal respetaba mucho al ermitaño y dio de mamar al recién nacido. Nasciano pudo leer en algunas de las letras del pecho del niño el nombre Esplandián y así lo bautizó. Lo crio con él y lo amamantaba* una campesina.

En Bretaña, mientras tanto, había estallado la guerra. El rey Arábigo y otros seis reyes, aliados con Arcaláus, invadieron el reino de Lisuarte. Oriana escribió a Amadís, contándole que habían tenido y perdido un hijo y rogándole que a pesar de su enemistad con su padre no se una a sus enemigos. Los caballeros de la Ínsula Firme decidieron ayudar al rey y también Amadís, Perión y Florestán. Mientras se dirigían hacia la guerra recibieron

fiera: animal salvaje, feroz   **amamantar:** dar leche al recién nacido del pecho

armaduras y escudos nuevos que les mandaba Urganda, así pudieron participar en la lucha sin ser reconocidos. En el día de la batalla el combate de ambos ejércitos era muy reñido★. Nuestros tres caballeros luchaban con gran bravura. Amadís, con un yelmo dorado que se veía desde lejos, consigue derrotar a los mejores caballeros enemigos: a Brontajar, a quien derriba de su montura★ de un lanzado; a Argomades de la Ínsula Profunda, a quien le corta parte del brazo de un golpe de espada, y a Ancidel, aunque pierde su caballo. En la fase decisiva de la batalla el rey Arábigo rodea a Lisuarte, y parece a punto de ganar la batalla. Durín le lleva entonces un caballo al guerrero del yelmo dorado y la intervención de este y de sus compañeros decide la victoria.

Los tres caballeros se marcharon tras la batalla y todos en la corte de Lisuarte se preguntaban quiénes eran. El rey le dijo a Galaor:

—¿No será Amadís el caballero del yelmo dorado? Por su valor y obras, lo parecía.

—No puede ser, porque está en Gaula con Perión y Florestán. Dios recompensara a ese valiente por lo que ha hecho por nosotros.

Nuestros héroes, mientras tanto, no habían podido embarcarse para Gaula a causa del mal tiempo. Llegó a su campamento una hermosa doncella muda que los invitó a descansar en su castillo. Después de cenar los llevaron a una hermosa habitación, al día siguiente cuando se despertaron, vieron que no tenían armas y que la habitación era en realidad una celda★ sin puertas. Por una ventanita se asomó un rostro anciano que les dijo:

---

reñido: disputado, que no se sabe quién gana
montura: animal en el que se cabalga

celda: cárcel, prisión

—Soy Arcaláus y ahora vais a pagar por intervenir en la guerra a favor del falso rey Lisuarte. Pasaréis hambre y sed antes de que os corte la cabeza. Este es el fin que les espera a todos mis enemigos. Además, hemos capturado a un escudero y un enano que os conocen y vamos a torturarlos para saber quiénes sois.

Los tres caballeros lamentaron las vueltas que daba la suerte. Después de haberse salvado en una cruel batalla, se habían dejado engañar por una doncella. Esta era Dinarda, la hija de Ardán Canileo, que, sin embargo, apiadada por la hermosura de Amadís, les pasaba a escondidas comida y bebida. Efectivamente, Gandalín y el enano habían llegado al castillo siguiendo a los caballeros y ahora estaban en una gran sala con otros prisioneros. Estos les contaron que las puertas de la habitación encantada aparecían y desaparecían gracias a una palanca. Entonces todos se pusieron a tirar de ella, hasta que la celda volvió a tener salida. Los tres caballeros derribaron la puerta a golpes y se lanzaron contra los desprevenidos* guardianes, quitándoles las armas. Arcaláus llamó a sus soldados, pero los caballeros los mataron a todos y liberaron a los prisioneros, así que el hechicero tuvo que huir. Antes de seguir con su viaje, nuestros héroes quemaron el castillo maldito.

Amadís, muy triste por la pérdida de su hijo y por su separación de Oriana, decidió retomar sus aventuras como caballero andante y abandonó Gaula, acompañado por su escudero Gandalín y por su enano. Primero fue a Alemania, donde realizó grandes hazañas defendiendo la justicia. Nadie sabía su nombre, pero todos lo

---

desprevenido: que no está atento, pillado por sorpresa

consideraban el mejor caballero del mundo y lo conocían con el nombre del Caballero de la Verde Espada. Después Amadís se fue a Bohemia al servicio del rey Tafinor, a quien había declarado la guerra Patín el emperador de Roma. En la corte, nuestro héroe fue muy bien recibido y pocos días después se presentó un enviado del emperador, Don Galandar, que propuso lo siguiente;

—Rey, podéis elegir entre que luchen dos ejércitos de miles de soldados o buscar a doce caballeros vuestros que luchen contra nosotros doce. Si ganan, el reino de Bohemia será libre y si pierden, será vasallo de Roma.

Tafinor discutió con sus caballeros qué hacer y pidieron consejo al Caballero de la Verde Espada. Este les dijo que Bohemia era un reino pequeño frente el imperio de Roma y que era mucho mejor luchar con fuerzas iguales. El rey le dio la razón y recordó que hace tiempo, en las guerras entre Perión de Gaula y Abiés de Irlanda, el primero se salvó gracias a un doncel que venció al rey enemigo. Era su propio hijo, el famoso Amadís de Gaula. El Caballero de la Verde Espada dijo que no lo conocía, pero sí a sus hermanos, tan valientes como él. Antes de la batalla Galandar desafió en duelo a Amadís y este lo derribó de su caballo, aunque quedó herido en un brazo. En la lucha a espadas nuestro héroe le dio tal golpe en la cabeza que se la abrió.

Al día siguiente, los doce caballeros romanos entraron con mucho miedo en el duelo con tan fuerte caballero como enemigo, pero Arquisil el general del imperio quería vengar el honor romano. La lucha fue favorable desde el principio a los de Bohemia. Arquisil solo quería pelear con el Caballero de la Verde Espada. Gracias a la ayuda de otros caballeros consiguió herirlo en una pierna, pero Amadís se volvió contra él y le cortó la armadura y las carnes en el hombro, aunque le perdonó la vida. El rey Tafinor dio las gracias al valiente caballero por salvar su reino y le rogó conocer su identidad:

—Si tanto quieres saberlo, soy Amadís, de quien hablaste el otro día —le contestó nuestro protagonista.

—¡Gracias al cielo que te hizo nacer, porque eres la gloria de la caballería! —le alabó el rey.

El manuscrito pasa ahora a hablar de Esplandián, criado por el ermitaño, que aprende a cazar con la leona. Una tarde, el rey Lisuarte salió a cazar y se encontró con el niño que también iba de caza con su leona atada de una cuerda. Vio asombrado cómo derribaban un ciervo y se lo repartían. Los siguió y llegaron a la ermita, donde Nasciano le contó la historia del hallazgo del doncel. El rey le invitó a llevar al niño a conocer a la reina y cuando volvió, Brisena le estaba esperando con una carta de Urganda la Desconocida. La carta decía así:

«Al muy noble rey Lisuarte. Te aconsejo que tengas contigo al noble doncel criado por la leona, porque será el mejor caballero del mundo y te salvará del mayor peligro de tu vida. Te digo además que ayudará a poner paz entre Amadís y tú».

Todos quedaron muy asombrados por lo que oyeron y Oriana muy triste recordando a su hijo perdido.

Al día siguiente llegaron Esplandián, el ermitaño y la leona que traían una caza abundante que regalaron a la corte. Las buenas maneras* del niño dejaron a todos encantados. El ermitaño quiso dejar al doncel en la corte y antes contó su historia, así Oriana y su doncella comprendieron que era su hijo perdido. No dijeron nada, pero Brisena confió el niño a sus cuidados.

Amadís, por su parte, según nos cuenta el autor, seguía con sus aventuras y llegó a Romanía. Allí se cruza con unas damas y caballeros, uno de ellos le habla en alemán con poca cortesía*, pero nuestro héroe le entiende porque le gustaba aprender las lenguas de los países que visitaba. Le responde que no le ha gustado el tono de la petición. El caballero se burla de él y le dice que se merece cabalgar al revés, que era signo de deshonra, o morir. Amadís entonces acepta batirse con él. En el choque quiebran* las lanzas y el caballero sale despedido de su silla. Amadís sufre una fea herida el cuello, pero se acerca al caído y viendo que está vivo le obliga a cabalgar al revés, para perdonarle la vida:

—Así deben aprender los soberbios a no menospreciar* a los que no conocen.

La bella dama que lo había llamado se llamaba Grasinda y era la dueña de la ciudad. Había reconocido por el enano al valiente y famoso Caballero de la Verde Espada, y le convence para que cure sus heridas en su palacio con el famoso maestro Elisabat. Grasinda queda maravillada de la hermosura de Amadís y siente amor hacia él, pero al verle siempre tan triste comprende que ama a otra.

---

buenas maneras: educación, modales
cortesía: educación, amabilidad

quebrar: romper
menospreciar: despreciar, dar poco valor.

El Caballero de la Verde Espada, una vez curado, manifestó sus deseos de viajar a Grecia y Grasinda puso a su disposición un barco para llevarlo a Constantinopla, y dejó que le acompañara Elisabat, con la promesa de que volverían pasado un año. En medio de la travesía, una terrible tempestad los desvió de su rumbo y los hizo llegar a la Isla del Diablo. Elisabat, aterrorizado, le contó la espantosa historia del lugar:

—El dueño de esta isla era un terrible gigante que se enamoró de su hija y esta le correspondió. Ambos mataron a su madre arrojándola a un pozo, y así pudieron vivir sus pecaminosos* amores. Los dioses de la isla le habían dicho al gigante que de ella nacería el ser más poderoso del mundo. Al fin dio a luz* a la criatura más monstruosa y extraña que se había visto: el Endriago. Estaba cubierto por completo de pelo, y sobre el pelaje tenía durísimas conchas que ningún arma podía atravesar, fuertes brazos y piernas con garras y unas negras alas membranosas*, con cuatro colmillos de más de un codo* de largo y ojos rojos y brillantes. Los dioses de la isla le habían dado la inteligencia del hombre, la fuerza y valor del león y las garras y la agilidad del águila. Mató a su padre y a su madre y desde entonces no dejaba a nadie con vida de los que llegaban a esa isla.

El Caballero de la Verde Espada comprendió que Dios le había llevado allí para acabar con ese monstruo y ordenó desembarcar en la isla. Todos sienten gran temor y lloran y se arañan la cara, pensando que su señor morirá, pues el Endriago parece invencible. Amadís los dejó en el castillo y partió acompañado

pecaminoso: inmoral, prohibido
dar a luz: parir, traer al mundo a un niño

membranosas: con una fina capa de piel
codo: unos 40 cm.

por Gandalín y otros caballeros en busca de aquella espantosa* fiera.

Cuando lo encontraron, era aún más horrible de lo que pensaban, echando fuego por la boca y moviéndose con mucha rapidez. Los caballos se asustan tanto que no pueden acercarse a él cabalgando y los jinetes salieron corriendo. Amadís tuvo que atacarlo a pie. Con el primer lanzazo tuvo la suerte de darle en un ojo. El endriago le hizo pedazos la lanza, pero como no veía bien, aunque le destrozó el escudo y parte de la armadura con sus garras, causándole graves heridas, Amadís pudo recuperarse y golpearle el cuerpo con su espada, pero las conchas eran tan fuertes que era como chocar con una piedra. Comprendió que su único punto débil eran los ojos y allí dirigió sus golpes. Con un afortunado mandoble, Amadís introdujo su espada por las narices del monstruo, atravesó los huesos del cráneo y le alcanzó los sesos. Amadís aprovechó esta herida para clavar varias veces la espada en la boca de la bestia. El Endriago murió tras lanzar un horrible grito de agonía. Amadís cayó desfallecido por el esfuerzo realizado y las heridas sufridas. Gandalín acudió en su auxilio tras pedir ayuda haciendo sonar su cuerno.

El Caballero de la Verde Espada recobró el sentido y sintiéndose morir pidió que llevarán su corazón a Oriana, pues suyo era. Elisabat le dijo que debía ser valiente y gracias a su gran sabiduría, a pesar de las horribles heridas, pudo curar al mejor caballero del mundo. La noticia de la hazaña de Amadís no tardó en ser conocida, y el emperador de Constantinopla mandó unos barcos a recogerlo para llevarlo a la capital, donde podría descansar y recuperarse. Todos los miembros de la corte, especialmente la

espantoso: que da espanto, miedo

princesita Leonorina cuidaron muy bien del valiente caballero, quien estuvo allí hasta reponerse totalmente. El emperador le agradeció su hazaña y prometió ayudarle si le hacía falta en el futuro. Nuestro caballero se sentía muy bien tratado, pero siempre estaba pensando en Oriana y lloraba.

Había llegado el tiempo de regresar a Romanía y Amadís se despidió de Constantinopla. Al llegar al reino de la princesa Grasinda, esta le pidió ir a Bretaña para medir su hermosura con las damas de allí, famosas por su belleza. Amadís estaba obligado por su palabra a obedecer, pero temía ofender a Oriana, así que desde ese momento se ocultó bajo el nombre del Caballero Griego. En la travesía se encontraron con una nave de la Ínsula Firme. Sus caballeros iban en busca de Amadís y le preguntaron si sabía algo de él. Querían contarle una terrible noticia: Lisuarte estaba pensando en pactar el matrimonio de Oriana con el emperador de Roma, que había mandado una embajada a Bretaña. Oriana, claro está, se oponía y había pedido ayuda a Galaor, Agrajes y Florestán. Nuestro héroe no reveló su identidad, pero envía en secreto a Gandalín, su escudero a la Ínsula Firme con el mensaje de que volverá en unos días a su reino y de que estén preparados. Luego prosigue su viaje a la corte de Lisuarte.

Allí el rey consulta a Galaor sobre la boda de Oriana y la alianza con el emperador de Roma, que considera muy beneficiosa. Galaor, como todos los nobles leales del reino, cree que no debe hacerlo y que Oriana debe quedarse en Bretaña y heredar el reino, pero el rey prefiere hacer caso a los malos consejeros y sigue con sus planes.

Cuando Grasinda desembarcó en Bretaña, todos admiraron su belleza y la apostura* del caballero que la acompañaba. Ella lanzó su desafío, retando a cualquier caballero a luchar con el suyo si creía que su dama es más hermosa. Los caballeros romanos de la embajada, que eran grandes enemigos de los griegos, se ofrecieron para defender a las damas de Bretaña. El primer duelo del Caballero Griego fue con Salustanquidio, el primo del emperador.

Le derribó de un lanzazo y le obligó a reconocer su derrota, amenazándolo con su espada. Después se batió con otros dos caballeros romanos que habían ofendido su escudo. Los derribó de sus caballos y se bajó él también del suyo, para protegerlo. Dando fuertes espadazos, los obligó a retroceder. A uno le arrancó el escudo y le hirió en una pierna. El otro, asustado, intentó huir, pero Amadís lo persiguió y cuando lo vio cansado lo arrojó al suelo. Todos pensaban que iba a matarlos, porque se le veía muy rabioso*, pero Esplandián se adelantó y le rogó el perdón de sus vidas. El Caballero Griego se quedó muy admirado por la belleza y la amabilidad del doncel y se lo concedió. Después de triunfar en el desafío, el Caballero Griego y Grasinda se embarcaron hacía la Ínsula Firme. Gandalín ya había avisado de su llegada y les recibieron con gran alegría. Grasinda se quedó muy sorprendida y Amadís le reveló su verdadera identidad.

apostura: aspecto hermoso y atractivo   rabioso: muy enfadado

Comprensión auditiva

▶ 5 **1** **Escucha de nuevo el Capítulo 4 y relaciona las frases de las dos columnas.**

1	Esplandián, el hijo de Amadís, tenía	**A**	se deja engañar por una doncella.
2	Lisuarte consigue vencer al rey Arábigo	**B**	metiendo su espada por las narices del monstruo.
3	Después de la batalla, Amadís	**C**	gracias a los caballeros de la Ínsula Firme.
4	Esplandián se va a vivir a la corte después de que	**D**	porque se lo pide Esplandián.
5	Amadís pudo matar al Endriago	**E**	unas extrañas letras rojas en el pecho.
6	Amadís perdona a los caballeros romanos	**F**	Lisuarte lo vea cazar con la leona.

Gramática

2 **Completa este diálogo usando el imperativo y añadiendo pronombres si es necesario.**

1 Amadís: ¡Gandalín, (dar) .... la lanza! ¡(correr)........., deprisa!

2 Gandalín: Los caballos se asustan. (subir) .... a pie hasta el monstruo.

3 Enano: ¡(Parar) .... un momento, señor! ¡(tomar)................. el escudo!

4 Elisabat: (tener) .... mucho cuidado y (proteger) .... de sus garras.

5 Amadís: ¡Si caigo herido, (tocar) ....vosotros el cuerno y (salir) .... corriendo!

6 Gandalín: Le has herido en un ojo. (aprovechar) .... para atacarle.

7 Enano: ¡(defender) .... de sus ataques, señor! ¡Eso es (introducir)................. la espada por su boca!

8 Amadís: ¡Voy a morir, (llevar) .... mi corazón a Oriana, (dar) .... a ella porque es suyo!

Vocabulario

3 **Completa estas frases usando estas expresiones de tiempo:**

> dentro de • anoche • por el momento • desde entonces •
> hasta ahora • en el futuro • últimamente

1 Amadís y Oriana se vieron _____ en el huerto.

2 Amadís se llamó _____ Beltenebros.

3 Lisuarte no ha decidido nada _____, pero tendrá que hacerlo
_____.

4 _____ nadie conoce el secreto del hijo de Oriana.

5 Dame el escudo, que tengo que salir a combatir _____
unos minutos.

6 Galaor recibe muchas heridas _____ por enfrentarse a
enemigos muy poderosos.

Expresión escrita

4 **Imagínate que eres el escudero de Amadís y llegáis a un lugar
donde habita un monstruos más terrible que el Endriago.
Descríbelo con tus palabras.**

Expresión oral

5 **Preparad un debate sobre si Lisuarte debe mandar a Oriana
a Roma o no. Un compañero hará de mal consejero y otro de
Galaor. Explicad vuestros argumentos.**

ANTES DE LEER

¡Tienes la palabra!

6 **¿Qué crees que pasará en el siguiente capítulo?**

A ☐ Lisuarte renuncia a entregar a Oriana al emperador
romano.

B ☐ Estalla la guerra entre Amadís y Lisuarte.

C ☐ Tras la marcha de Oriana a Roma, Amadís renuncia a su
amor.

Capítulo 5

En guerra por Oriana

6 El rey Lisuarte tomó por fin la decisión de entregar a su hija en matrimonio al emperador romano. Oriana pidió hablar con su padre y le dijo así:

—Señor, te ruego que no me mandes a Roma, déjame aquí en mi reino. Yo renunciaré a ser la heredera, si quieres. Si me marcho, mi destino será morir de tristeza y de dolor. Entonces, el emperador romano se creerá con derecho a estas tierras, las invadirá y te quitará el trono.

Ayudado por los malos consejeros, Salustanquidio convenció al rey de que Oriana, cuando vea las riquezas de Roma y sea coronada emperatriz, se tranquilizará y será feliz. También le pidió llevarse a Olinda, otra dama de la corte que amaba a Agrajes, para casarse con ella y Lisuarte se lo concedió. Los romanos encerraron a las damas en ricas cámaras* de sus barcos, así no huirían o se tirarían al mar, pues las veían muy desesperadas. La flota romana se hizo a la mar* rumbo a Roma. En medio de la travesía vieron acercarse hacia ellos una flota*. Eran las naves de la Ínsula Firme, que venían a rescatar a las damas. Divididas en tres grupos, al mando de Amadís, Agrajes y Florestán, atacaron a los barcos romanos.

Amadís quería asaltar la nave principal, con la bandera del

cámara: habitación

flota: conjunto de barcos o naves

hacerse a la mar: empezar a navegar

emperador y Agrajes la de Salustanquidio, para defender a sus enamoradas. Intentaban acercarse, pero los romanos les lanzaban flechas, lanzas y piedras. Por fin unos marineros engancharon el barco de la Ínsula Firme con un ancla al barco romano y Amadís pudo saltar entre sus enemigos. Recibía muchos golpes, rodeado de adversarios, pero sacó su verde espada y luchó valientemente hasta que llegaron sus caballeros. Vio al capitán de la nave, Bronjadel y se lanzó contra él. Hubo un intenso* intercambio de mandobles, pero al final, Amadís, tras darle un fuerte golpe en el yelmo le obligó a liberar a Oriana a cambio de perdonarle la vida. Después de abrazar a su amada, Amadís fue a ayudar a sus caballeros en las otras naves. En la de Salustanquidio, Agrajes, furioso por el intento del príncipe romano de quitarle a Olinda, se lanzó contra él y le cortó la cabeza; los marineros, al ver a Amadís, huyeron. La flota romana se rindió y todos sabían que esa batalla naval era el principio de una terrible guerra, contra el poderoso emperador de Roma y contra Lisuarte. Los caballeros de Amadís, sin embargo, se pusieron de rodillas ante Oriana y juraron protegerla y defenderla hasta la muerte. La dama les rogó que intenten conseguir la paz y evitar la guerra con su padre. Después se marcharon a la Ínsula Firme, donde damas y caballeros pudieron descansar.

Amadís era un hombre inteligente, además de valiente, así que empezó a prepararse para lo que iba a pasar. Por un lado, quiso mandar una embajada de paz a Lisuarte, para evitar enfrentarse con el rey; por otro lado, envió embajadores a todos los países amigos para buscar aliados por si no podía impedir la guerra. Habló con Grasinda quien le dijo que mandaría a Elisabat para

---

intenso: de mucha fuerza

preparar una gran flota guerrera. Amadís dio al sabio cartas para Briolanja y el emperador de Constantinopla, en las que les pedía ayuda. También envió a Gandalín a ver a su padre, el rey Perión de Gaula, y a otros caballeros a varios países en los que había dejado grandes amigos gracias a sus hazañas. No quiso avisar a Galaor, primero porque aún estaba recuperándose de sus graves heridas en Gaula y además había jurado fidelidad a Lisuarte.

Luego fue a hablar con Oriana y, nada más verla, se echó a llorar de emoción. Oriana le apretó las manos a escondidas en señal de amor y le dijo:

—Mi verdadero amigo, sé que tienes ganas de proclamar★ al mundo tus sentimientos por mí, pero después de todo lo que hemos pasado, debes mantenerte firme. Nuestro amor ha de permanecer en secreto, pues si hay guerra la gente podría pensar que actúas como enamorado ciego y no por la justicia y la defensa de las damas, como valiente caballero.

—Tienes razón, señora mía —le contestó Amadís— solo te pido que sigas dándome fuerzas con tu amor porque yo nací para servirte, y pensar en ti es lo único que consuela mi apasionado corazón.

—También tengo una maravillosa noticia que darte. El hijo que perdimos es Esplandián. Fue criado por un ermitaño y ahora está en la corte de Lisuarte.

—¡Qué alegría tan grande me das! Cuando lo conocí en Bretaña, ya percibí★ algo especial. No solo que era muy apuesto y amable, noté unos sentimientos extraños que solo había sentido por ti. Ahora lo entiendo todo.

---

proclamar: decir algo públicamente   percibir: sentir, notar

Mientras tanto, Brian de Mojaste, el hijo del rey de España y gran amigo de Amadís, y otros enviados de la Ínsula Firme habían llegado a Gran Bretaña como embajadores de paz. Cuando iban por las calles, la gente maldecía a los malos consejeros que habían enemistado al rey con caballeros tan valientes. En presencia de Lisuarte, Brian habló y dijo así:

—Rey Lisuarte, venimos en son de paz* para rogarte que renuncies a tus intenciones con Oriana. La entregaste contra su voluntad a los romanos y nosotros como caballeros defensores de los débiles teníamos que poner remedio a esa injusticia. Solucionemos este conflicto y renunciemos a una guerra que costará muchas vidas.

—Caballeros —contestó el rey—, mi respuesta será breve. Os habéis comportado como vulgares bandoleros, asaltando a unos viajeros y raptando a una princesa prometida. Vuestra soberbia ha de ser castigada. Preparaos para la guerra.

Lisuarte estaba furioso y se puso de acuerdo con el emperador de Roma para vengarse de la afrenta que habían sufrido y atacar la Ínsula Firme. Todos se prepararon para una guerra que era inevitable y los aliados llegaban de todo el mundo. Mientras esto ocurría, Arcaláus el encantador quiso aprovechar la situación en su propio beneficio. Pactó con su aliado el rey Arábigo ponerle en el trono de Gran Bretaña, y junto con muchos enemigos de Amadís formó en secreto un ejército. Su intención era atacar al bando vencedor, sabiendo que estaría débil después de la lucha.

en son de paz: pacíficamente, con buenas intenciones

Llegó el día de la batalla. La noche antes, Gandalín le pidió a
Amadís ser armado caballero. Nuestro héroe lo abrazó con los
ojos húmedos de lágrimas, pero después de tantos años en los
que le había servido fielmente como escudero, no pudo negarse.
Le pidió, eso sí, ser prudente en la lucha y no apartarse de su lado.

En las costas de Gran Bretaña se reunieron dos grandes ejércitos
como nunca se habían visto. Cada uno de ellos había montado
sus campamentos con fosos y defensas. Después de oír misa, los
caballeros fueron a ponerse sus armaduras. Patín, el emperador
de Roma, iba de negro con una doncella en su escudo, que
representaba a Oriana. A sus órdenes, diez mil hombres. Lisuarte
también llevaba una armadura negra con águilas blancas, al frente
de sus seis mil soldados. En el bando contrario, las tropas de la
Ínsula Firme, que guiaba Amadís, vestido con armadura verde y
leones dorados en el escudo, junto con tres mil caballeros que
traía el rey Perión, vestido de color acero y rojo, dos mil jinetes
de España al mando de Brian de Mojaste, ocho mil caballeros del
emperador de Constantinopla. Ambos ejércitos formaron uno
delante del otro en el campo de batalla.

Antes de empezar, Gasquilán, hijo del gigante Madarque,
desafió a Amadís para vengar la derrota de su padre. Amadís
aceptó y el choque entre ambos fue tan tremendo que las lanzas
se quebraron y ambos salieron despedidos* de sus monturas
y quedaron en el suelo. El emperador de Roma, creyendo que
Gasquilán había muerto, ordenó avanzar a sus tropas.

Don Cuadragante, que mandaba la vanguardia* del otro

salir despedido: caer violentamente   vanguardia: primera línea del ejército

ejército, también fue al rescate de Amadís, derribando a cuatro caballeros antes de perder su lanza. Fue Gandalín, luchando con gran valor, quien llegó el primero a defender a Amadís, que ya se había recuperado. Angriote, un caballero amigo, le ofreció un caballo, así que nuestro héroe pudo volver al combate, causando gran daño entre sus enemigos. Los romanos, sin embargo, se defendían bien, y había muchos caballos sin jinete y caballeros muertos y heridos caídos por los suelos. Floyán, hermano de Salustanquidio, quería vengar su derrota y buscaba a Amadís. Por el camino, derribó de un fuerte espadazo en el yelmo a valiente Enil y de un golpe en el hombre dejó fuera de combate a un caballero irlandés. Amadís, por su parte se enfrentó a un valiente caballero enemigo, Flamíneo, y le atacó con su espada, pero falló el golpe, que le abrió el vientre a su caballo, derribándolo al suelo.

Entró en combate la segunda línea de los romanos, y los caballeros de la Ínsula Firme se vieron en graves dificultades. Arquisil, el general de los caballeros romanos, se enfrentó con Landín, sobrino de don Cuadragante, y cuando ambos cayeron, sus amigos se lanzaron a su rescate. En el otro lado del campo de batalla, Amadís, junto con Agrajes y Bruneo, consiguieron partir las líneas romanas en dos. El emperador romano tuvo que intervenir con el grueso de sus tropas*. El propio Patín combatía con mucho valor y solo se detuvo al encontrarse con don Cuadragante, quien estuvo a punto de vencerlo, pero el romano Constancio le hirió en un brazo y libró a su emperador. Este mismo caballero, con la ayuda de Floyán, atacó a Amadís, pero nuestro héroe le rompió

---

grueso de las tropas: la parte central del ejército

el escudo de un mandoble y lo derribó al suelo. Veinte caballeros romanos acudieron en su ayuda, aunque no pudieron con Amadís, que luchaba como un demonio. Las tropas romanas eran muy numerosas y los caballeros de la Ínsula Firme estaban en una situación desesperada. Agrajes, Brunero y Angriote habían perdido sus monturas y se defendían a pie. En su ayuda acudió Florestán, causando una gran matanza con la lanza primero y con su espada después. También se presentó Gandales con sus ochocientos caballeros escoceses, y la lucha volvió a estar equilibrada. Además, Amadís había derribado a la mitad de los caballeros que lo atacaban e hizo huir a los demás. Entre todos hicieron retroceder a los romanos, pero ya se había puesto el sol y ambos bandos decretaron una tregua para curar a los heridos y enterrar a los muertos.

El segundo día de batalla empezó como el primero, con una gran matanza: en la primera carga de caballería quinientos jinetes salieron despedidos de sus sillas. El caballero Fileno, al mando de los guerreros españoles, que eran muy valientes y esforzados*, hicieron retroceder a los romanos. Tuvo que intervenir el propio Lisuarte y también Perión se metió en la liza*. La confusión era enorme y nadie podía seguir a su capitán. Ese día murieron más guerreros pisoteados por los caballos que heridos por las armas. Allí estaba lo mejor de la caballería cristiana y el daño que recibió tardaría mucho en curarse.

Agrajes se encontró con el rey Lisuarte y le acometió con rabia, y ambos entablaron un cruel combate*. Cuando perdieron las espadas se abrazaron para derribarse de los caballos. A su

esforzado: que se esfuerza mucho
liza: lucha, campo donde se combate

entablar combate: luchar, combatir

alrededor se concentraron guerreros de uno y otro bando y los separaron. Las tropas de Lisuarte eran muy numerosas, pero Perión, Cuadragante, Florestán y los demás luchaban con tanto valor que valían por muchos caballeros. La batalla no se decidía y Amadís, viendo que el emperador causaba una gran matanza de sus hombres, se lanzó contra él. Floyán se interpuso valientemente para defender a Patín. Florestán, que iba tras Amadís se adelantó espoleando* su caballo y lo derribó de un lanzazo. Floyán murió pisoteado en el suelo. Amadís, mientras tanto, se metió entre los enemigos y aunque recibió muchos golpes, consiguió llegar hasta el emperador. En medio de una terrible lucha, nuestro caballero, de un fuerte espadazo en el hombro, cortó a su adversario armadura, carne y huesos. El emperador cayó muerto al suelo. Los romanos. desanimados, iban perdiendo terreno y la batalla estaba a punto de decidirse a favor de los caballeros de la Ínsula Firme, pero ya caía la noche y Amadís tuvo miedo de que acabaran matándose entre ellos y ordenó parar el combate. Agrajes quería continuar y acabar con los enemigos, pero Amadís se mantuvo firme*. Pactaron dos días de tregua para retirar a los heridos y hacer los honores* al emperador.

En esos días apareció en el campo de batalla Nasciano, el santo ermitaño. Al ver tanta muerte y destrucción, se echó a llorar y levantó las manos al cielo. Luego se dirigió hacia la corte de Lisuarte. Sabía el secreto de Amadís y había ido a ver a Oriana, quien se lo confesó todo y le dio permiso para revelar la verdad. La virtud de Nasciano la conocían todos y el rey lo recibió con mucho respeto.

---

espolear: incitar al caballo a ir rápido
mantenerse firme: no cambiar de opinión

hacer los honores: hacer un homenaje, reconocer los méritos

—Rey Lisuarte, esta matanza debe cesar de inmediato. El casamiento que has establecido para tu hija es injusto y, además, Oriana ya está casada con quien Dios quiso darle.

Y se lo contó todo: que Amadís era el marido de la princesa ante Dios y que él mismo había criado a Esplandián, que era el hijo de ambos. El rey recordó todas las hazañas que Amadís había hecho a su servicio y pensó en la hermosura de su nieto, por quien tanto cariño sentía.

—Padre, tus palabras son un alivio para mi corazón. Ve a ver a Amadís y si él está de acuerdo, acordaremos* las paces y las bodas para honra de todos.

Nasciano pidió ir con Esplandián y los dos se dirigieron al campamento de la Ínsula Firme. Amadís no conocía al ermitaño, pero se emocionó al ver a su hijo. Cuando el santo hombre le contó la propuesta de Lisuarte, se alegró mucho.

—Dile al rey que a partir de ahora será un padre y señor para mí y que siempre estaré a su servicio.

La asamblea de caballeros se reunió encabezada por el rey Perión y todos estuvieron de acuerdo en la paz. El ejército de la Ínsula Firme se retiró a la costa y el de Lisuarte a la ciudad de Luviana. Todo parecía ir bien, pero un nuevo peligro los amenazaba. Aquí acaba el autor esta parte de su manuscrito y nos dice que el final lo conoceremos en el siguiente capítulo. ■

acordar: llegar a un acuerdo, pactar

Comprensión lectora

1 **Une cada pregunta con la respuesta adecuada.**

1 ¿Por qué asaltan la flota romana Amadís y Agrajes?
2 ¿Qué trampa prepara Arcaláus, el hechicero traidor?
3 ¿Cuál de los dos bandos lleva ventaja en la primera batalla?
4 ¿Qué causa la mayor muerte de guerreros?
5 ¿Por qué acaba la guerra?
6 ¿Qué opina el autor de esta lucha?

A Lamenta que mueran tantos caballeros cristianos.
B Los caballos que los matan pisoteándolos.
C Para rescatar a sus damas que iban a Roma.
D Un ejército escondido para atacar al vencedor.
E Ninguno, es una lucha equilibrada y sangrienta.
F Porque Nasciano le cuenta a Lisuarte el amor de Amadís y Oriana.

Gramática

2 **Vamos a repasar las características de los libros de caballerías. Para hacerlo, conjuga en pretérito imperfecto los verbos entre paréntesis.**

Aunque los libros de caballerías se (escribir) _____ a _____ en el Renacimiento, (representar) _____ b _____ un mundo medieval. A diferencia de otras novelas más realistas, como la picaresca, (ser) _____ c _____ un género idealista y (ofrecer) _____ d _____ un mundo irreal y de fantasía. Los caballeros (viajar) _____ e _____ por el mundo y (buscar) _____ f _____ aventuras.
Casi siempre (luchar) _____ g _____ contra otros caballeros que (defender) _____ h _____ a sus damas o sus castillos. También se (enfrentar) _____ i _____ contra gigantes y monstruos. En sus combates (sufrir) _____ j _____ graves heridas, pero siempre (salir) _____ k _____ vencedores. Por lo general (amar) _____ l _____ a una doncella con un amor secreto y difícil.
Para conquistar su amor (tener) _____ m _____ que pasar por grandes pruebas, pero algún hechicero amigos los (ayudar) _____ n _____ a superarlas.

Vocabulario

3 **Sustituye las palabras marcadas por un sinónimo, sacándolos de esta lista.**

> paladín • caballos • abundantes • derrotarlo • diablo •
> se lanzó contra • igualada • paró • dificilísima • luchaba •
> espadazo • llegaron • combatía

El propio Patín **combatía** con mucho valor y solo se **detuvo** al encontrarse con don Cuadragante, quien estuvo a punto de **vencerlo**, pero el romano **atacó a** Amadís. Nuestro **héroe** le rompió el escudo de un **mandoble** y lo derribó al suelo. Veinte caballeros romanos **acudieron** en su ayuda, aunque no pudieron con Amadís, que **luchaba** como un **demonio**. Las tropas romanas eran muy **numerosas** y los caballeros de la Ínsula Firme estaban en una situación **desesperada**. Muchos habían perdido sus **monturas** y se defendían a pie. En su ayuda acudió Florestán y la lucha volvió a estar **equilibrada**.

Expresión oral

4 **Imagina que eres Nasciano y ves el campo de batalla con muchos muertos y destrucción. ¿Qué dirías? Represéntalo con gran pena y dolor.**

ANTES DE LEER

¡Tienes la palabra!

5 **El autor nos ha dejado sin saber cómo acaba la batalla. ¿Qué crees que va a pasar en el capítulo final?**

A ☐ Los dos ejércitos no se ponen de acuerdo y vuelven a la lucha.

B ☐ Oriana se presenta en el campo de batalla e interrumpe la guerra.

C ☐ Entra en escena un tercer ejército enemigo.

Capítulo 6

Triunfo de la paz y del amor

▶ 7 Cuenta el manuscrito que el ejército de Arcaláus y del rey Arábigo, de doce mil hombres, estaba escondido en las montañas. Cuando supieron que el rey Lisuarte se retiraba a la ciudad, decidieron atacarle y salieron a su encuentro a las puertas de la ciudad de Luviana. Las tropas de Bretaña estaban débiles y cansadas, después de la dura batalla que habían vivido, pero se prepararon para combatir de nuevo. Barnisán, el rey de la Ínsula Profunda, al mando de la primera línea de los atacantes, se lanza a la carga*. Los caballeros de Lisuarte, mandados por el rey irlandés Cildadán aguantan y se defienden bien.

Tiene que intervenir Arcaláus, y con los refuerzos* los hombres de Bretaña retroceden. Barnisán arremete contra Lisuarte con diez caballeros y lo derriban. El rey corre un grave peligro, pero Arquisil y otros caballeros lo rodean y con valientes golpes alejan a los enemigos. La lucha está otra vez igualada, así que Arcaláus llama al rey Arábigo. El nuevo grupo de soldados, descansados y numerosos, arrolla* a los hombres de Lisuarte. Los seis feroces caballeros de la Ínsula Sagitaria, causaron una gran matanza. Muchos soldados de Bretaña caen muertos o prisioneros. El rey comprende que han sido derrotados y ordena

---

a la carga: ataque masivo al galope de un ejército
refuerzos: tropas de ayuda

arrollar: pasar por encima, destrozar

que se refugien en la ciudad. El ejército enemigo se prepara para asaltarla al día siguiente.

Esplandián se dirigía a Luviana enviado por Nasciano para comunicar a Lisuarte el acuerdo de paz. Desde una colina, vio la desigual batalla y decidió volver a toda prisa para avisar a Amadís. Este habló con el rey Perión y todos sus caballeros y les dijo que debían ayudar a Lisuarte, olvidando la reciente enemistad. Todos estuvieron de acuerdo y se apresuraron a salir, pero se les hizo de noche y se perdieron.

Llegó el nuevo día y el ejército del rey Arábigo atacó la ciudad. Las tropas de Lisuarte se defendían con valor, pero eran muy pocos y estaban muy cansados de tanto combate. También las mujeres y los niños arrojaban piedras contra los invasores. Todo era inútil, los enemigos, que eran muy superiores, cruzaron las murallas y luchaban en las calles. La gente de Lisuarte estaba a punto de sucumbir* cuando se oyeron unos gritos:

—¡Gaula, Gaula!, ¡Irlanda, Irlanda!

Las tropas de socorro habían encontrado por fin el camino hacia la ciudad y Amadís, Florestán y don Cuadragante entraron en combate, hiriendo y matando a todos los que encontraban a su paso. Los enemigos no sabían qué hacer, pues los atacaban por dos lados. Efectivamente, los hombres de Lisuarte, al recibir ayuda, volvieron a luchar con fuerza. Amadís se enfrentó a dos caballeros de la Ínsula Sagitaria y los mató. Florestán y don Cuadragante acabaron con los otros cuatro. Arcaláus y el rey Arábigo se refugiaron* en una casa donde cayeron prisioneros.

---

sucumbir: caer derrotados, rendirse   **refugiarse:** esconderse

El ejército enemigo se rindió. Lisuarte, con la armadura destrozada, salió al encuentro de sus socorredores y se abrazó con Amadís. Este le pidió que perdonara a los enemigos vencidos. Todos los caballeros besaron las manos al rey, contentos de la reconciliación*. Llegó también el rey Perión y Lisuarte quiso abrazar a Agrajes después de la feroz lucha que habían mantenido en la batalla.

Había llegado el momento de la paz. Amadís fue a ver a Arquisil, el general de los romanos. Este creía que iban a encerrarlo en prisión, pero nuestro caballero le ofreció la corona de emperador de Roma.

—Roma no puede quedar sin rey y eres el sucesor más adecuado. Todos te estiman y yo les convenceré para aceptarte.

—Señor, no me extraña que te consideren el mejor caballero del mundo. Yo quedo en deuda contigo para toda mi vida.

Amadís reunió a los nobles romanos prisioneros y les ofreció la paz y su amistad si reconocían a Arquisil como su nuevo señor. Todos sabían que era una buena elección y aceptaron.

Lisuarte, ya bastante curado de sus heridas, reunió a sus mejores caballeros para decirle a Amadís lo siguiente:

—Esforzado caballero Amadís de Gaula. Tus hazañas son bien conocidas por todos y no te hacen falta mis alabanzas*, pero yo quiero recordar todo lo que te debo. Llevas mucho tiempo a mi servicio y siempre me has sido leal. Yo no me comporté bien contigo, mal aconsejado, y te expulsé de mi reino y combatí contra ti, pero tú me salvaste cuando estaba a punto de morir. ¿Qué recompensa puedo darte por tanto? He decidido que como dote*

---

reconciliación: hacer las paces
alabanza: elogio, hablar bien de alguien

dote: aportación de la mujer en la boda

por tu boda con mi hija Oriana te nombraré heredero de mi reino.

Amadís y Lisuarte se abrazaron con gran emoción delante de todos. Acordaron que las bodas se hicieran en la Ínsula Firme, y todos se dirigieron hacia allá. Salieron a recibirles todas las hermosas damas y era imposible ver más belleza reunida. Amadís y Oriana se apartaron y se juraron otra vez amor eterno, ahora ya sin tener que ocultarse. Durante el banquete de la noche, el rey Perión se levantó y habló a Amadís:

—Hijo mío, ha llegado el momento de recompensar a nuestros valientes caballeros, repartiendo entre ellos las tierras que hemos conquistado a nuestros enemigos. Además, al igual que tú, ellos necesitan mujer con la que gobernar.

Algunos caballeros dijeron que preferían seguir buscando aventuras para ganar honra y fama, pero la mayoría agradeció el ofrecimiento. Agrajes declaró su amor por Olinda y que esperaría la herencia de sus padres. Bruneo pidió a Melicia, la hija de Perión y Elisena, y Amadís le entregó el reino del rey Arábigo. Don Cuadragante, pidió la mano de Grasinda, quien lo aceptó encantada. Por su parte, Amadís le dio el señorío de Sansueña. Florestán amaba a Sardamira, reina de Cerdeña. Amadís le otorgó además el señorío de Calabria, que perteneció a Salustanquidio, y así se hizo con muchos otros caballeros.

Amadís pidió al rey Lisuarte la mano de su hija pequeña, Leonoreta, para Arquisil, con lo que sería emperatriz de Roma. Por último, tomó la mano de su hermano Galaor, todavía débil y la enlazó* con la de la hermosa reina Briolanja. Ambos se miraron y

enlazar: unir

una gran emoción se apoderó de ellos. Galaor sintió por primera vez el verdadero amor y Briolanja puso en él la pasión que siempre le había despertado Amadís.

De repente, se oyó un ruido horrible que venía del mar. Todos se acercaron a la orilla para averiguar de qué se trataba. Vieron un humo negro y espantoso en el agua y en medio, una serpiente mayor que un barco. Tenía dos grandes alas y la cola enroscada hacia arriba. Su enorme cabeza y afilados dientes daban miedo y soltaban humo y echaban potentes chorros de agua. Muchos caballeros se asustaron y otros pensaron en coger las armas, cuando vieron que de un lado de la serpiente salía una barca ricamente adornada en el que iba una señora acompañada por donceles y enanos. Cuando llegó a tierra, reconocieron a Urganda la Desconocida, que no había querido perderse un día tan alegre. Se abrazó con todos, y Amadís le agradeció su constante ayuda y protección.

Había llegado el momento de celebrar las bodas. Faltaba una sola cosa: la prueba del arco de los leales amadores y de la cámara encantada para las damas. Melicia, Olinda y Grasinda cruzaron sin problemas por el arco, porque eran fieles a sus amores. Luego fue el turno de Oriana, que se detuvo a medio camino para mirar a su amado y luego completó el recorrido. Se oyó entonces una música maravillosa y del arco cayeron flores. Se acercaron después a la habitación encantada. Intentó entrar primero Grasinda, que pasó la columna de bronce, pero no la de mármol y salió despedida* hacia fuera. Luego fue el turno de Olinda, a la que animaba Agrajes, pero tampoco pudo pasar de la

---

salir despedido: recibir un empujón, echar a alguien

segunda columna y salió expulsada hacia atrás. Luego le tocó a Melicia, que pasó la segunda columna, pero cuando iba a entrar en la cámara también recibió un empujón y no pudo entrar. Por fin lo intentó Oriana. También pasó las dos columnas, pero le costaba mucho avanzar. Siguió hacia adelante con gran esfuerzo hasta que se oyó una voz decir muy dulcemente:

—¡Bienvenida la noble señora, que ha vencido con su belleza a Grimanesa y hará compañía al noble caballero que ganó la propiedad de la Ínsula!

Con esto se acabó para siempre el hechizo del palacio y damas y caballeros pudieron entrar. Se celebraron las fiestas de las bodas con gran alegría y duraron quince días.

Cuando acabaron, los asistentes empezaron a despedirse. Urganda fue la primera, pero antes profetizó las hazañas de algunos de ellos, especialmente Esplandián, para quien tenía ya una armadura especial. A Amadís le aconsejó no matar a su prisionero Arcaláus, era mejor encerrarlo en una jaula de hierro donde todos lo vean. Además les dio a él y a Oriana unos anillos mágicos como protección contra sus encantamientos*. El emperador de Roma regresó a sus tierras junto con Florestán, Perión y Elisena volvieron a Gaula, Lisuarte y Brisena a Bretaña y los demás fueron a las tierras que Amadís le había concedido* o en busca de aventuras.

Amadís y Oriana vivían como señores de la Ínsula Firme, felices de poder disfrutar de su amor y de una vida juntos. Pasó el tiempo y Amadís empezó a acordarse de su vida pasada y de sus aventuras.

---

encantamiento: hechizo, acto de magia o brujería   **conceder:** dar, regalar

Pensó que su fama y su honra podían olvidarse si no realizaba nuevas hazañas y muchas veces le pidió permiso a Oriana para poder marcharse a ayudar a los necesitados. Oriana nunca se lo concedía porque no quería quedarse sola y, además, temía los peligros que podía encontrar.

Un día, mientras iba de caza, Amadís vio una barca con una dueña y un caballero muerto. Era Darioleta, la criada de su madre que le había ayudado a nacer, y le contó su desgracia. Iba con su marido y sus hijos de viaje hacia la Ínsula Firme, invitada por la reina Elisena cuando una tormenta los llevó a la Ínsula de la Torre Bermeja, donde reina el gigante Balán, el más fuerte de todos los gigantes. Los caballeros que llegan a esa isla deben luchar con él y si pierden quedan presos. El hijo se empeñó en luchar el primero y por desgracia murió en el choque con las lanzas; luego luchó el padre, pero fue derrotado y él y su hija quedaron presos. Darioleta había podido irse para avisar a Amadís, pues Balán era hijo de Madanfabul, a quien nuestro héroe había matado, y quería vengarse. Amadís comprendió que no podía dejar de ayudarla y se embarcó sin decir nada a Oriana. Como no tenía armadura, se puso la del muerto y se presentó ante el gigante como un caballero de la Ínsula Firme. El choque a caballo fue terrible. La lanza de Balán atravesó la cabeza de la montura de Amadís y este hirió en el pecho al gigante. Empezaron a luchar a pie con las espadas. Amadís recibía muchos golpes, pero el gigante estaba débil por la primera herida y nuestro paladín le cortó medio codo y después le dio muchos mandobles hasta que cayó al suelo. Amadís no quiso matarlo porque estaba casado con una hija de Gandalac, el gigante que crio a Galaor. Le revela quién es y le perdona la vida a cambio de que el hijo del gigante se case con la hija de Darioleta. Balán y Amadis quedan como amigos.

Mientras tanto, Oriana había encargado a Grasandor ir a buscar a Amadís. El doncel oyó hablar en su travesía de la Peña de la Doncella Encantadora. En su cima*, había un castillo, abandonado hacía doscientos años, donde se guardaba un gran tesoro.

Al palacio solo podía entrar el caballero que conseguía arrancar una espada clavada en la puerta. Muchos lo habían intentado, pero todos fracasaban. Grasandor y Amadís decidieron intentar la aventura. Navegaron hasta la isla en la que estaba la Peña y vieron que era tan alta que casi tocaba el cielo. Tuvieron que subir a pie, pues los caballos no podían ascender* por aquella montaña. Tardaron varios días y en medio de la subida encontraron una ermita con un letrero en griego que Amadís leyó:

«Del poderoso rey y de la dama más hermosa saldrá la flor de la caballería, aquel que sacará la espada, y las puertas que encierran el gran tesoro se abrirán».

Grasandor estaba seguro de que era Amadís el destinado a esta hazaña, pues no había mejor caballero en el mundo. Por fin llegaron a las ruinas y entraron con sus espadas y escudos en una gran sala abovedada*. Al fondo había unas puertas de piedra cerradas, con una espada clavada. Era la entrada de la cámara mágica. La empuñadura de la espada era de un material desconocido, de hueso transparente y rojo como un rubí. En la

---

cima: la parte más alta de algo
ascender: subir muy alto

abovedada: de techo en forma de esfera

parte derecha de las puertas había unas letras de color rojo en la izquierda, unas letras blancas. Éstas últimas estaban en latín y decían: «No sirve el valor ni la fuerza para sacar la espada. Solo lo logrará el caballero que tenga escritas en su pecho las letras rojas que se leen en la puerta». Amadís comprendió que eran las letras que tenía Esplandián grabadas en su pecho y que esa gran hazaña estaba destinada a él como hijo suyo y de Oriana.

Ahora vuelve al manuscrito a hablar del rey Lisuarte. Una vez se encontró con una doncella que le pidió ayuda. La siguió hasta una gran tienda en el bosque, pero cuando entró cayó al suelo desmayado, víctima de un hechizo. Al instante aparecieron unos hombres que se lo llevaron a un barco y se alejaron rápidamente.

La noticia de la desaparición de Lisuarte causó gran preocupación entre todos los caballeros de Gran Bretaña y de la Ínsula Firme. Muchos se reunieron allí con Amadís para decidir qué podían hacer. Entonces volvió a aparecer el barco serpiente de Urganda, quien les dijo que la única manera de rescatar a Lisuarte era nombrar caballero a Esplandián y a otros jóvenes. Invitó a unos cuantos caballeros y donceles a cenar en su barco y allí les enseñó la armadura que tenía preparada para el doncel, con su yelmo y escudo. Eran de color negro y no blanco como era tradicional para los nuevos caballeros y representaba la tristeza por la desaparición de su abuelo Lisuarte. Esplandián, con ayuda de unas doncellas, se colocó las armas. Luego Urganda le dijo a Amadís:

—Algún caballero podría decir que le falta la espada. Tú, en

cambio, sabes dónde está la espada que le está esperando. Con ella, que le protegerá de encantamientos, y con su fuerte brazo, hará este joven caballero cosas que nadie ha visto hasta ahora.

Luego manda que el gigante Balán arme caballero a Esplandián. Amadís, que sabe que la hechicera tiene razones para pedir eso, acepta. Esplandián y otros donceles son armados caballeros. De pronto, una nube de humo lo oculta todo y cuando se desvanece*, Urganda y los jóvenes han desaparecido. Amadís se encuentra con una carta de la encantadora, en la que le dice que es tiempo de que él y los demás caballeros descansen en sus reinos y que los jóvenes se encarguen de las hazañas de la nueva caballería.

❖ ❖ ❖

Y aquí acaba el libro del muy valiente y virtuoso caballero Amadís de Gaula con las grandes aventuras y terribles batallas que vivieron él y sus amigos. Y si queréis saber qué más pasó y las grandes hazañas de su hijo Esplandián y qué fue de Lisuarte, podréis leerlo en la continuación de esta asombrosa historia. ▪

---

desvanecerse: desaparecer poco a poco, por ejemplo, humo o niebla.

Comprensión lectora

1 Elige la respuesta correcta.

1 El ejército de Arcaláus ataca al de Lisuarte **a las puertas de la ciudad / en las montañas / a orillas del mar**.

2 **Nasciano / Esplandián / Perión** avisa a Amadís del ataque a Lisuarte.

3 Lisuarte recompensa a Amadís con **tierras lejanas / dinero / su propio reino**.

4 Amadís concede a Galaor la mano de **Grasinda / Olinda / Briolanja**.

5 La serpiente que aparece en el mar era **un monstruo / un barco / un regalo de bodas**.

6 Aparte de Oriana, la que más cerca está de entrar en la cámara encantada es **Grasinda / Olinda / Melicia**.

7 Amadís ayuda a Darioleta, que es **la criada de su madre / la criada de Oriana / la mujer de Cuadragante**

8 Amadís fracasa al sacar la espada porque **tiene miedo / debe hacerlo Esplandián / se lo deja a Grasandor**.

9 Entre las cosas que Urganda le da a Esplandián falta **un escudo / un yelmo / una espada**

Gramática

2 Sustituye los siguientes CD o CI por el pronombre correspondiente.

1 Amadís prestó **una espada a Lisuarte** en la batalla.

2 Los seis feroces caballeros causaron **una gran matanza**.

3 También las mujeres arrojaban piedras **a los invasores**.

4 Todos los caballeros besaron **las manos al rey**.

5 Trajiste a mi corte **a Galaor**.

6 Briolanja puso en él **la pasión que sentía**.

7 ¡Ve a buscar **al gigante** para que te arme caballero!

8 Voy a decir **a Oriana que su padre ha desaparecido**.

9 Urganda entregó **unos pergaminos a Amadís**.

10 Oriana dio un beso **a su hijo**.

Vocabulario

3 **Completa el siguiente texto con las preposiciones del cuadro. No se repite ninguna.**

> a • para • durante • hacia • entre • hasta • contra • por •
> en • sobre • con • desde • según • bajo • tras • de • sin

Un día, mientras iba ___a___ caza, Amadís vio una barca llegar
___b___ la orilla ___c___ una dama y un caballero muerto.
Era Darioleta, la criada de su madre que le había ayudado a
nacer, y le contó su desgracia. ___d___ un viaje ___e___ la Ínsula
Firme, ___f___ Gaula, una tormenta los llevó a una isla. ___g___
un árbol encontraron al gigante Balán, que los obligó a luchar
___h___ él. El hijo luchó el primero y ___i___ desgracia murió ___j___
el choque de caballos; luego el gigante se arrojó ___k___ el padre
y lo metió en una cárcel ___l___ su muerte. Darioleta se libró
___m___ avisar a Amadís, pues ___n___ Balán había matado a su
padre. Amadís, ___ñ___ oírla hablar ___o___ lágrimas comprendió
que tenía que ayudarla y se embarcó ___p___ decir nada a Oriana.

Expresión escrita

4 **Imagina lo que puede ocurrir en la continuación del libro, con Esplandián y con el desaparecido Lisuarte.**

Expresión oral

5 **¿Con que clase de películas de hoy podrían relacionarse los libros de caballerías? Discútelo con tus compañeros de clase.**

....
....
....
....
....

El primer libro de caballerías

Garci Rodríguez de Montalvo

La primera edición que conocemos del *Amadís de Gaula* se publicó en Zaragoza en 1508. Su autor debió escribirlo antes, hacia 1492, pues ya había muerto para 1505. Sabemos muy poco de su vida. Nació hacia 1450 y era de una familia de la pequeña nobleza. Fue militar y quizá luchó en la guerra de Granada. Vivió en la ciudad castellana de Medina del Campo, donde fue regidor, una especie de alcalde.

Los quatro libros del Uirtuoso cavallero Amadis de Gaula: Complidos.

La adaptación del Amadís

Como el autor nos dice en el prólogo, el *Amadís de Gaula* no es una obra original. Montalvo aprovechó una versión anterior en tres libros para corregirla y modernizarla; además, añadió un cuarto libro con nuevas aventuras. El *Amadís* era una obra muy popular, en efecto, conocida en Castilla desde principios del siglo XIV. Es una adaptación de las novelas medievales del rey Arturo, que narraban las hazañas de los invencibles caballeros de la mesa redonda, como Lanzarote del Lago o Tristán de Leonís.

Los quatro libros de Amadis de gaula nuevamente impressos z hystoriados en Seuilla.

El Amadís primitivo

No sabemos qué cambios introdujo Montalvo sobre las versiones anteriores del *Amadís*. Sin embargo, se han encontrado cuatro páginas manuscritas de una versión de 1420 con un final distinto. Esplandián lucha contra Amadís sin reconocerlo y lo mata. Oriana, desesperada, se suicida tirándose de una torre.

Las Sergas de Esplandián

Además del *Amadís de Gaula*, Montalvo escribió hacia 1495 su continuación, *Las Sergas de Esplandián*, con las hazañas del hijo de Amadís, quien conquista la espada encantada, libera a su abuelo Lisuarte y, sobre todo, lucha contra los musulmanes en defensa de Constantinopla, de la que llegará a ser emperador.

Un género de gran éxito

Amadís inauguró uno de los géneros que más éxito tuvo en el siglo XVI, los libros de caballerías. Siguiendo su modelo aparecieron más de ochenta obras, publicadas o manuscritas. Estos libros se agrupaban en series, y cada uno narra las aventuras del hijo, del nieto o de otro descendiente del héroe principal. Amadís tuvo diez continuaciones, y otras series famosas fueron la de *Palmerín de Olivia* o la de *El Caballero del Febo*.

Para toda clase de públicos

Gracias a la reciente invención de la imprenta, las personas de muchos grupos sociales pudieron disfrutar de los libros de caballerías. La gente más humilde, que en su mayoría no sabía leer, se reunía en grupos y escuchaba las historias de los caballeros leídas en voz alta. Sin embargo, el público más numeroso era el de quienes podían comprar los libros, los habitantes de las ciudades y los nobles. El mismo emperador Carlos V era muy aficionado al género.

Libro segúdo de Palmerín

Biblioteca Nacional de España

Un éxito mundial

El gusto por los libros de caballerías se difundió por muchos países. En Portugal y en Italia se tradujeron y se escribieron nuevas obras que los imitaban. El rey francés Francisco I estuvo prisionero en Madrid después de la batalla de Pavía (1925), y a su vuelta mandó traducir al *Amadís* al francés. Esta adaptación fue muy popular entre la aristocracia francés y pasó a Alemania y a Inglaterra. Por otra parte, los españoles que viajaban a América llevaron allí libros de caballerías y decían que los maravillosos paisajes y lugares que veían en el nuevo continente les recordaban a los de estas obras. Dos importantes regiones americanas llevan los nombres de reinos fantásticos caballerescos: California y Patagonia.

El mundo de la caballería

Los libros de caballerías no representan un mundo real sino fantástico. Según el modelo del *Amadís*, imitado por todos los demás, sus protagonistas son nobles que viven en cortes refinadas y castillos. Las damas son de gran belleza y los caballeros de valor y fuerza sobrehumanas. El amor entre ellos es un elemento fundamental: suele tener muchos obstáculos y mantenerse en secreto hasta la boda final.

En busca de aventuras

Los caballeros recorren el mundo en busca de pruebas, como la del Arco de los leales amadores, y hazañas, defendiendo a doncellas y ancianos contra la injusticia. Su objetivo es lograr honra y fama. Para ello, combaten en justas o torneos unos con otros, pero también se enfrentan a poderosos gigantes o a horribles monstruos, como el Endriago. La magia tiene un papel fundamental y los héroes suelen ser ayudados por algún hechicero amigo o perseguidos por un mago enemigo..

Estructura y ambientación

Estos libros se presentan como traducciones de libros escritos en lenguas raras, y se organizan en episodios, pasando de unos caballeros a otros. Están ambientados en países totalmente fantásticos que los héroes recorren en muy poco tiempo. El protagonista no conoce a sus padres y debe ganarse su fama y reconocimiento con sus hazañas.

Don Quijote y el fin de la caballería

En su época, muchos criticaban estos libros por ser poco creíbles. Miguel de Cervantes, en 1605, escribió la primera parte de *Don Quijote de la Mancha* que es una burla del género comparándolo con la realidad. El protagonista enloquece y se cree un caballero andante en busca de aventuras. Solo recibe palizas, las doncellas son campesinas poco refinadas y los gigantes resultan ser molinos. El éxito de este extraordinario libro acabó con el género y, sobre todo, creo la novela moderna.

TEST FINAL

Completa este crucigrama para averiguar cómo se llama el nieto de Amadís e hijo de Esplandián, quien protagonizó varios libros de caballerías de la serie:

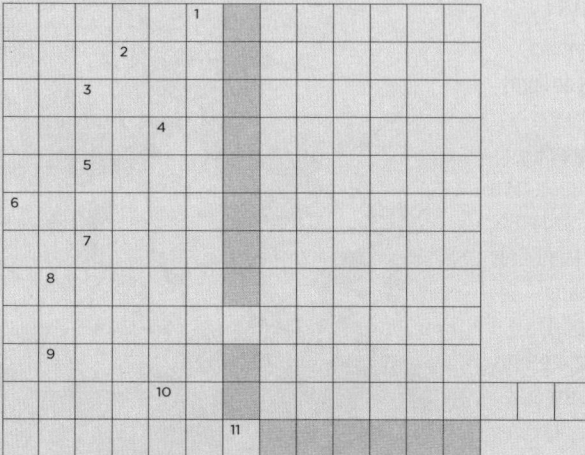

1. Una de las armas principales del caballero, con la que combate a caballo.

2. Enamorada y más tarde esposa de Amadís.

3. Médico que cura a Amadís las heridas del Endriago.

4. Combate a caballo y lanza por diversión o deporte.

5. Ser salvaje de enorme tamaño contra el que luchan los caballeros.

6. Hermano menor de Amadís.

7. Fortificación medieval con murallas.

8. Nombre que le da el ermitaño a Amadís en la Peña Pobre.

9. Doncel que acompaña al caballero llevándole las armas y como sirviente.

10. Apellido de la hechicera Uganda.

11. País europeo mediterráneo al que iba Amadís cuando llegó a la isla del Endriago.

PROGRAMA DE ESTUDIOS

Temas

Amor y matrimonio

Aventuras y magia

Justicia e injusticia

Valor y esfuerzo

Guerra y sufrimiento

Destrezas

Expresar emociones y sentimientos

Expresar y debatir opiniones

Describir personas

Resumir acontecimientos

Narrar hechos

Inventar una historia

Contenidos gramaticales

Complemento directo e indirecto

Presente de indicativo

Pretérito imperfecto e indefinido

Pretérito perfecto y pluscuamperfecto

Imperativo afirmativo

Uso correcto de preposiciones

Expresiones de tiempo

LECTURAS ⬡ JÓVENES Y ADULTOS

NIVEL 2   Anónimo, *El Lazarillo de Tormes*
Federico García Lorca, *Bodas de sangre*
Juan Ruiz Arcipreste de Hita, *Libro de buen amor*
Félix Lopez de Vega, *Fuenteovejuna*
Pio Baroja, *Las inquietudes de Shanti Andí*
Emilia Pardo Bazán, *La Tribuna*

NIVEL 3   Benito Pérez Galdós, *Marianela*
Fernando de Rojas, *La Celestina*
Leandro Fernández de Moratín, *El sí de las niñas*
Vicente Blasco Ibáñez, *Sangre y arena*
Calderón de la Barca, *La vida es sueño*
Juan Valera, *Pepita Jiménez*
Gustavo Adolfo Bécquer, *El rayo de luna y otras leyendas*
Garci Rodríguez de Montalvo, *Amadís de Gaula*

NIVEL 4   Miguel de Cervantes, *Don Quijote de la Mancha*
Miguel de Unamuno, *Niebla*
Leopoldo Alas "Clarín", *La Regenta*
Benito Pérez Galdós, *Fortunata y Jacinta. Dos historias de casadas*